山东省教育教学研究课题研究项目（2021JXY289）

小学体育教学理论与运动方法设计研究

邹　梅／著

吉林出版集团股份有限公司
全国百佳图书出版单位

图书在版编目(CIP）数据

小学体育教学理论与运动方法设计研究 / 邹梅著
. -- 长春：吉林出版集团股份有限公司, 2021.11
ISBN 978-7-5731-0816-6

Ⅰ.①小… Ⅱ.①邹… Ⅲ.①体育课—教学研究—小
学 Ⅳ.①G623.82

中国版本图书馆CIP数据核字（2021）第243127号

小学体育教学理论与运动方法设计研究

XIAOXUE TIYU JIAOXUE LILUN YU YUNDONG FANGFA SHEJI YANJIU

著　　者：邹　梅
责任编辑：矫黎晗
装帧设计：马静静
出　　版：吉林出版集团股份有限公司
发　　行：吉林出版集团青少年书刊发行有限公司
地　　址：吉林省长春市福祉大路5788号
邮政编码：130118
电　　话：0431-81629790
印　　刷：三河市德贤弘印务有限公司
版　　次：2022年4月第1版
印　　次：2022年4月第1次印刷
开　　本：710mm×1000mm　1/16
印　　张：14.25
字　　数：225千字
书　　号：ISBN 978-7-5731-0816-6
定　　价：76.00元

如发现印装质量问题,影响阅读,请与印刷厂联系调换。电话：010-82540188

前　言

随着国家对学校体育工作和青少年儿童体质健康的高度重视，小学体育工作越来越受关注。体育教学是小学体育的重点工作之一，是小学教育的重要组成部分。小学体育教学的目的主要在于增强学生体质，提高学生的健康水平，培养学生的运动习惯，为终身体育意识与习惯的形成奠定基础。小学生处于成长和发展的关键时期，加强基础教育阶段的体育教学工作对促进小学生的全面发展具有非常重要的意义。小学生身心发展具有自身的特殊性，在小学体育教学中要围绕小学生的真实状况进行教学设计与指导，合理安排各个项目的教学，突出教学的针对性，提升教学的科学性与实效性。此外，体育教学本身就具有一定的风险性，而且小学生活泼好动，进一步增加了体育教学中的不安全因素，因此在小学体育教学中要更加注重科学组织与安全管理的问题。基于此，作者在查阅大量相关著作文献的基础上，撰写了本书。

本书共有八章内容，第一章分析小学体育教学现状、小学生身心发展特点及发展状况，以了解小学生及小学体育教学的发展情况，为小学体育教学指导提供现实依据。第二章对小学体育教学理论体系展开研究，包括教学规律与原则、教学手段与方法、教学内容选择、教学计划制定以及教案设计，构建与完善体育教学理论体系，对科学指导体育教学活动的开展具有重要的意义。第三章主要研究小学体育教学活动的科学组织与保障，包括营养与膳食保障、安全与卫生保障以及医务监督保障。科学组织小学体育教学活动能够提高教学效率与效果，在体育课上提供全面保障是"健康第一"教学理念的重要体现。第四章至第七章着重对小学体育教学中常见项目的运动方法设计与教学指导展开研究，包括田径类运动、球类运动（篮球、足球、乒乓球、其他球类项目）、体操类运动以及武术与健美操运动。这些运动是小学体育教学中重点开展的项目，对提升小学生的健康水平、运动能力及促进小学生的全面发展具有重要意义。因此要合理进行教学设计，加强运动方法指导。第八章重点研究小学体能游戏类训练的设计与教学指导，涉及五大身体素质的游戏训练，分别是力量、速度、耐力、柔韧、灵敏。小学生处在发育的关键期、身体素质发展的敏感期，要抓住各个敏感期，加强体能教育与训练，采取小学生感兴趣的游戏方式进行训练，能够有效提高小学生练习的积极性。

总体而言，本书具有以下几个特征。

第一，系统性。本书主要研究小学体育教学理论与方法，首先分析小学体育教学现状；其次探讨小学体育教学的基本理论体系及教学活动的组织与多元保障；最后对小学体育教学中重点项目的运动方法与教学指导展开研究。总体来看，结构完整、内容丰富、层次清晰，具有较强的系统性。

第二，科学性。小学开展体育教学主要是为了增强学生体质，提升学生健康水平，培养学生的运动习惯。但小学生身心发育还不成熟，安全意识较弱，在运动过程中时常会违背基本原则，而使体育课上出现很多问题，影响学生的健康，也制约了体育课的顺利进行。因此，在体育课上加强安全和运动卫生管理极为重要，本书基于这一认识而对小学体育教学的科学保障进行研究，以全面保障学生的安全与健康。

第三，针对性。本书从小学生的身心特点、认知发展规律及能力培养规律出发，研究小学体育教学理论与方法，尤其是在不同项目的运动方法设计和教学指导研究方面，注重与学生已有知识经验、生活环境相联系，重视知识的传授及能力的培养，帮助学生增强体质、掌握体育知识及提升基本运动能力，具有明显的针对性。

总之，本书主要围绕小学体育教学的基本理论、方法及常见项目的教学指导展开，希望本书能够为提升我国小学体育教学质量进而增强小学生体质、培养小学生的良好运动习惯做出贡献。

　　本书在撰写过程中参考并借鉴了很多专家、学者的研究成果，在此表示诚挚的感谢。由于作者水平有限，书中难免有不妥与疏漏之处，敬请广大读者批评指正。

作者

2021年8月

目　录

第一章　小学体育教学及学生发展现状

　　小学是教育的重要阶段，学生在小学时期所受到的教育将会成为后续教育的基础，对后续的教育产生重要的影响。小学体育教学的作用在于对学生进行体育启蒙，为学生打下体育基础，帮助学生树立终身体育思想。小学体育教学的开展必须要以小学生的身心发展为依据，只有充分了解小学生的身心发展特点和发展状况，才能制定合理的教学规划。本章将从小学体育教学现状、小学生身心发展特点、小学生身心发展状况三个具体方面，对小学体育教学及学生发展现状进行具体研究和阐述。

第一节　小学体育教学现状分析

一、从学生角度进行分析

（一）部分学生缺乏体育学习的兴趣

　　兴趣是最好的教师。只有充分激发小学生对体育学习的兴趣，使其积极主动地参与到体育学习中，才能取得良好的体育教学效果。但是根据调查发现，有相当一部分小学生对体育学习的兴趣并不大，造成这种现象的原因主要有以下两点：

（1）体育教学模式的单一性不利于激发小学生的学习兴趣。很多教师在教学的过程中不愿意花费更多的时间和精力，在教学模式的创新和改变上，经常沿用一贯的教学方式，很容易造成教学模式的单一性和枯燥性。比如当前我国小学体育教学中最常见的教学方法为游戏教学法，但是有些教师一味只会使用游戏教学法，甚至连续使用同一种游戏进行教学，这就很容易使教学过程丧失新鲜感，难以激发小学生的学习兴趣和积极性。

（2）教学和小学生的身心发展特点不匹配。在实际教学过程中，一些教师往往会不顾小学生的身心发展特点，根据自己以往的教学经验以及自己的喜好选择体育教学的内容和方式，这样就使体育教学和小学生的实际状况相脱离，很难引起小学生的共鸣和兴趣。

（二）部分学生的体质水平难以适应体育教学

部分小学生因为营养不足或者缺乏体育锻炼等问题，体质水平比较差，难以承受正常体育教学活动中的运动量。因此，他们可能会对体育课产生畏惧以及抗拒心理，进行体育学习的兴趣自然不高。

（三）部分学生未形成对体育教学的正确认识和评价

受到社会环境、家庭环境以及体育教学本身等因素的影响，部分小学生对体育教学的认识和评价有失偏颇，这种不正确的认识也会影响他们对待体育教学的态度和方式。造成这种现象的原因包含以下几个方面。

（1）在体育教学的实践中，很多教师将运动技术的教学视为教学的全部，忽略体育教学的心理教育以及德育的部分，使学生只能片面地将体育教学视为单纯发展运动技术的学科，而没有真正意识到体育教学对于促进小学生全面发展的作用。

（2）就社会环境来说，目前学校和家长都普遍存在轻视学校体育教学，认为文化以及特长的学习更加重要。在繁重的课业负担下存在不愿意学生将时间和精力花费在体育学习上的想法。学生在这种环境的影响下，自然难以形成对体育学习的正确评价。

（3）学校对体育教学的重视程度不足，其他学科的教师很容易占用体育学科的教学时间，使学生也形成体育学习不重要的想法。

二、从教师角度进行分析

（一）部分教师教学方法落后

随着对教学活动研究的深入和教育科学的发展，人们逐渐认识到科学的教学方式应该是教师和学生之间形成充分的互动，教师充分发挥在教学过程中的主导作用，学生充分发挥在教学活动中的主体作用，两者各自发挥作用并形成一个有机的整体，才能真正实现良好的教学效果。但是在实际的体育教学过程中，这种理想的模式往往难以实现。比如部分教师在教学活动中直接忽视学生的主体地位，而将自己当作教学的主体，以自己的经验和偏好选择体育教学的内容，采用不符合小学生身心发展特点或者传统落后的教学方法，切断了学生的表达途径，拒绝和学生进行平等互动。这种方法无疑违反了科学的教学原则，容易挫伤学生的体育学习兴趣，不利于取得良好的体育教学效果。

（二）体育教师的稳定性比较差

由于长久以来体育教育得不到教育部门和学校的重视，体育教师在学校中的地位、待遇比较差等问题，很多体育教师难以一直坚持从事体育教育，这也导致体育教师的稳定性比较差，不利于体育教学的发展。

（三）部分体育教师的专业素质不高

部分体育教师的专业素质不高，也是影响体育教育事业发展的重要因素之一，之所以会出现这种现象是由于以下几种原因。

（1）学校以及相关教育部门对体育教育的重视程度不够，很多学校将体育教师的待遇压低，难以招聘到优秀的体育教师，甚至有一些学校为了节省开支不聘请专业的体育教师，而由其他学科的教师暂代体育课程。

（2）地区之间的经济发展差异较大，优秀的体育教育人才向经济发达地区流动，经济欠发达地区的体育教育人才缺乏。

（3）对体育教师的职业培训较少，不利于体育教师的持续发展。

三、从教学内容角度进行分析

（一）缺乏对体育基本功的训练

小学体育教学承担着为学生终身体育的发展奠定基础的作用，但是部分小学教师片面地认为，小学生的身心素质发展有限，小学体育教学应该主要以培养小学生的体育兴趣为主，再加上出于安全等因素的考虑，很多教师在教学过程中往往会安排较少甚至不安排有关体育基本功锻炼的教学内容。

这样导致的后果是，小学生对体育教学的认识不足，认为体育教学就是做游戏，即使他们产生对体育学习的兴趣，也是建立在不充分认识上的基础上，兴趣难以持久。另外，在小学阶段没有进行体育基本功的训练，对后续体育学习的发展和体育锻炼习惯的形成也不利。

（二）教学内容单一，未尊重学生的差异性

很多学校和教师为了自己的便利，在设计体育教学内容的时候，往往以简单、易实现为原则，而没有充分尊重学生的兴趣爱好，忽视了学生的多样

性和个性，没有做到真正的因材施教。这样做的后果就是，容易磨灭学生对体育学习的兴趣，难以帮助学生形成体育锻炼的习惯并树立终身体育的思想。

第二节　小学生身心发展特点

一、小学生的生理发展特点

（一）身体的发育

1. 身高和体重

小学生刚入学时的年龄一般在6—7岁，此时小学生的身高一般在110—120厘米，体重一般在19—20公斤。这个阶段小学生每年的身高增长大概在4—5厘米，每年的体重增长大概在2—3公斤。

小学即将结束时，小学生的年龄一般在10—13岁，并逐渐进入青春期和生长发育的高速期，此时其身高的增长速度大概为每年7—8厘米，体重的增长速度为每年5—6公斤。

2. 骨骼系统

小学生的骨骼尚处在生长发育过程中，和成年人的骨骼特征有着较大的差异。小学生骨骼中水分和软骨组织的含量比较多，钙、磷等物质含量比较少，骨骼还没有完全实现骨化。因此，小学生的骨骼具有坚硬程度比成年人低、但柔韧性又比成年人大的特点，这些特点也导致小学生的骨骼比较容易弯曲、变形。针对这些特点，在体育教学的过程中，应该特别注意帮小学生形成正确的身体姿势，以免其骨骼朝着畸形的方向发展。

3.肌肉

小学生的肌肉和成年人的相比，具有含水量比较大，肌肉纤维比较纤细，肌肉力量、肌肉耐力比较小等特点；此外，小学生的肌肉发展还具有一定的规律，一般是大肌肉群先发展，小肌肉群后发展，所以由于控制精细动作的肌肉发展相对滞后，一般小学生对精细动作的掌握能力比较差。

4.心脑血管系统

小学生的心脏功能水平比较低，代谢水平比较高，因此只能加快心脏的跳动频率来供给机体的需要，所以小学生的心率以及脉搏跳动速度都比成人要快；儿童血管的发育超过了心脏的发育，血液循环量较大，而心肌不发达，收缩力较小，因而心脏输出血量较小；加之血管内径相对较大，因而血压较低。

5.呼吸系统

一方面，儿童的胸腔狭小，呼吸肌不发达，肺泡数量少，肺含量小，小学生每次能够呼吸的氧气比较少；另一方面，儿童的代谢水平比较高，需要大量的氧气支持代谢。所以，小学生的呼吸系统特点为，呼吸功能不完善，但是呼吸的频率较高。

（二）脑和神经系统的发育

1.大脑结构逐渐完善

（1）大脑的重量不断增加

一般人在7岁时的大脑重量在1280克左右，到9岁时增加到1350克左右，到12岁时增加到1400克左右，基本上发育到成人的水平。

（2）神经不断发展

神经细胞的体积在不断增大，上面的凸起也在逐渐增多，发展出更多的神经通路；神经纤维的长度不断增加，同时神经干的髓鞘化程度逐渐加深，因此小学生认知的准确性不断提高。

（3）大脑的功能区逐渐发展成熟

大脑各个功能区的发展顺序为枕叶—颞叶—顶叶—额叶，即使是生长发育时间最晚的额叶，也能够在7岁时得到比较快速的发展，大脑的各个功能区在小学阶段逐渐发展成熟。

2.大脑机能进一步发展

（1）兴奋机能和抑制机能进一步发展

小学阶段，小学生的兴奋机能和抑制机能进一步发展，并且两者之间逐渐达成平衡。兴奋机能的发展表现在，小学生所需要的睡眠时间随着年龄的增长在不断减少，比如7岁的小学生每天需要的睡眠时间为11个小时，10岁的小学生每天需要的睡眠时间为10个小时，12岁的小学生每天需要的睡眠时间为9—10个小时。抑制机能的发展表现在，小学生逐渐具备一定的抽象思维能力，能够对一些事物进行一定的思考，并且能够在一定程度上控制自己的行为。

但是从整体上来说，小学生的大脑机能虽然得到了进一步发展，但是依旧处于比较低的水平，并且其抑制机能的发展水平还要低于其兴奋机能的发展水平。

（2）更容易形成条件反射

随着生长发育的进行，小学生和儿童相比，更加容易形成各种条件反射，并且形成的条件反射更加稳定。这也就为小学生学习更多的内容提供了保障，并且使小学生辨别学习内容的能力进一步增强。

此外，在小学阶段，教师一般会对小学生做出"认真听讲""上课不许说话"等禁止性指令，这些指令对于促进小学生抑制机能的发展也有一定的作用。

（3）第二信号系统逐渐发展

小学阶段，小学生的第二信号系统逐渐占据主导地位，其思考过程中所用的抽象思维材料逐渐增加，抽象思维能力进一步提升；但是与此同时，其第二信号系统的功能刚刚占据主导地位，思维过程中还会用到较多的具象思维材料，思维方式以抽象思维和具象思维结合为主。

（三）性发育

小学生进入性发育的时间一般是在小学五、六年级，一般女孩子开始性发育的年龄为10—12岁，男孩子开始性发育的年龄为11—13岁。进入性发育期之后，小学生的生殖系统开始发育，并且还会引起其生理和心理上的一系列变化。比如女生的胸部逐渐明显、开始月经来潮，男生开始长胡子、发生变声现象等，小学生对于这些变化可能会出现疑惑、恐惧、害羞等心理，家长和教师需要及时对其进行正确的引导，以保证小学生的身心朝着健康的方向发展。

二、小学生的心理发展特点

（一）感知和观察的发展

1. 感觉的发展

（1）视觉

眼睛是人体最重要的信息获得器官之一，人们所感知的信息中大概有80%是通过眼睛获得的。小学阶段是人们视觉发展的重要时期，7岁是人们视觉发展的巅峰时期，7—15岁之间人们的视觉会得到快速的发展。此外，构成视觉的颜色感知能力在这个阶段中也会快速发展。

（2）听觉

小学阶段人们的听觉能力也会得到快速发展，如果将6岁儿童的听觉能力视为1，则小学生在7—10岁这个阶段的听觉能力分别为1.4、1.6、2.6、3.7。

2. 知觉的发展

（1）空间知觉

空间知觉是人脑对物体大小、形状、远近、方位等空间特性的反映。就物体的形状来说，刚入学的儿童容易将形状和具体的物体对应起来，比如将圆形和球对应起来，将方形和作业本对应起来，对形状的抽象概括能力比较差。就方位来说，刚入学的儿童辨别方位的能力比较差，比如左右手不分、容易将汉字或者拼音左右、上下反着写等。但是随着大脑的发展和学习活动的影响，小学生大概能在9—11岁左右比较灵活地掌握如左右等一些方位的概念。

（2）时间知觉

小学生在7岁左右已经具备时间的概念并且初步尝试利用时间标尺，在8

岁左右已经开始学会主动利用时间标尺。小学生的时间知觉发展会受到其实际生活的影响，比如对于生活中经常出现的一个小时、一天等概念，他们会最先掌握并使用。

3.观察的发展

（1）观察的目的性不断增强，逐渐从无意识的观察转为有意识的主动观察。

（2）观察的稳定性不断增强，观察的延续时间增加、受别人的干扰减弱。

（3）观察更加细致，观察的结果更加准确。

（4）观察的概括性更强，从对事物表面的浅显观察转向对事物本质的深入观察。

（二）记忆的发展

（1）记忆的目的性增强，主要的记忆形式变为有意记忆。

（2）记忆方法由之前无意识的重复机械记忆转变为理解记忆，之所以发生转变是因为小学生的生活学习经验、智力能力、语言能力、理解能力和学习记忆方法都有了一定的发展和提升。

（三）思维的发展

（1）抽象思维在持续发展，但是具象思维依旧是小学生思维的重要构成部分，小学生的思维方式仍旧是具象思维和抽象思维相结合的方式。

（2）思维的自觉性得到一定的发展，但是依旧存在很大的不自觉性。

（3）抽象思维能力的运用具有不平衡、不稳定的特点。对于比较简单的、与生活联系比较紧密的事物，如算数，小学生使用抽象思维的能力比较强，而对于有一定难度的、与生活联系不那么紧密的，如历史事件等，小学生使用抽象思维的能力就比较弱。

（4）思维的品质有一定的提升，但是整体来说依旧处于质量比较低的阶段。

（四）想象的发展

1. 想象活动的目的性增强

学龄前儿童的想象主要是无意识的想象，一般在外界的刺激下产生随意、不稳定、无目的的想象。小学生会在教师的引导和要求之下进行一些对课本情形、人物形象等方面的想象，锻炼了其进行有目的的想象的能力，能够增强其想象活动的目的性。

2. 逐渐开始进行创造性想象

学龄前儿童的想象一般是在外界环境的刺激下对现有事物的重现，想象活动具有简单、缺乏创造力的特点。小学生的想象活动逐渐进入到创造阶段，除了能够对现有的事物进行重现，还能够根据生活和学习活动创造出未曾见过的事物。

3. 想象活动的现实性增强

学龄前儿童的想象活动容易受到动画、童话故事等因素的影响，现实性比较弱，比如在他们的想象中人能够飞起来、人能够随便变成各种动物等。小学生的想象活动的现实性会进一步增强，比如在他们的想象活动中，教师一般会具有教师的特点，或者严肃或者亲切；动物也要符合现实生活中动物的特点，比如小鸟长翅膀、蜗牛长蜗牛壳等。

（五）注意的发展

1. 注意的目的性进一步增强

学龄前儿童的注意力往往具有无意识性和无目的性，一般主要集中在对人的吸引力较大或者比较新奇有趣的事物上，并且非常容易受到影响和干扰。小学生的注意力开始具备一定的目的性，除了会受到新鲜事物的影响，也能够集中在自己需要认识和学习的内容上，能够带着目的性去关注相关事物。此外，小学生注意力的集中时间也有所延长，注意力的抗干扰能力也有所增长。

2. 注意不稳定，容易受到情绪的影响

小学生的注意力虽然有所发展，但是总体上还处于比较低的水平，在很多情况下仍旧会受到外界事物的影响，随时转移自己的注意力，并且小学生转移注意力的表现非常明显，很容易被人发现。不过随着年龄的增长，到了小学中、高年级之后，小学生控制注意力的能力会有进一步提升，其注意力状况的外在表现也不再那么明显。

3.注意的品质有所提升

（1）注意力的集中程度更高，对外界影响的抗干扰能力更强。

（2）注意力的稳定性更强，能够保持注意力的时间逐渐增长。比如7—10岁的儿童能够保持注意力的时间在20分钟左右，10—12岁的小学生能够保持注意力的时间在25分钟左右，12岁以上能够保持注意力的时间在33分钟以上。

（3）能够注意到的范围不断扩大。随着年龄的增长，小学生能够观察到的事物的范围越来越大，比如低年级小学生只能逐字阅读，但是到了中、高年级之后他们已经能够逐句、逐段地阅读了。

（4）注意力的分配能力逐渐增强。低年级小学生往往只能将注意力集中到某一个事物上，无法将注意力很好地分配到几件事物上，比如低年级小学生在认真写字的时候就很难顾及自己的坐姿；而高年级小学生分配注意力的能力显然有所增强，比如他们在听教师讲课的时候也同样能够记笔记。

（5）逐渐能够灵活地转移注意力。低年级的小学生很难根据任务将自己的注意力快速而主动的转移到另一件事物上，比如在上课时依旧想着课间的游戏；而中、高年级的小学生逐渐能够比较灵活、快速地将自己的注意力转移到眼前需要注意的事情上。

第三节 小学生身心发展状况

一、小学生的生理发展状况

小学时期是人们生长发育十分迅速明显的时期，因此在小学的不同阶段，小学生有着不同的身心发展状况。这里我们将整个小学时期划分成低年级（包含一年级和二年级）、中年级（包含三年级和四年级）、高年级（包含五年级和六年级）三个阶段，分别就身心发展状况进行阐述。

（一）低年级小学生的生理发展状况

小学低年级阶段指的是小学一年级和二年级，这个阶段学生的年龄一般在6—8岁，生理上正是平稳而快速发展的阶段。一般来说，这个阶段的小学生的体重每年大概会上涨2—3公斤，身高每年会增加4—5厘米。就各项生理指标来说，他们的生理指标依然处在生长发展之中，因此非常不稳定，比如心率、血压、肺活量等因素，都具有不稳定的特点。

此外，这个阶段小学生的各项生理指标和成人之间还存在一定的差异，比如肌肉中的含水量比成人高，肌肉纤维比较纤细，肌肉力量比较小；骨骼发育不完全，骨骼中的软骨成分比较多，骨骼的固定性差，容易发生脱臼等现象。

在这个阶段的体育教学中，最重要的是要培养小学生的各种姿势，比如站立姿势、坐姿、走路姿势等，帮助小学生从小形成正确、健康的体态；其次，应该利用各种教学方法和教学手段，全面发展小学生的基本活动能力，促进小学生骨骼和肌肉的健康生长；再者，应该谨记小学生身心依旧比较脆弱的事实，比如这个阶段的小学生心跳和血液流速都比较快，过度运动会导致其心脏负担过重而造成损害，所以要制定合理的运动负荷，保证小学生"适量"运动；最后，要制定一定的教学秩序和教学纪律，防止在教学过程中发生意外。

（二）中年级小学生的生理发展状况

小学中年级阶段指的是小学三年级和四年级，一般这个阶段小学生的年龄在8—10岁。相较于低年级小学生，这个阶段的小学生并没有太大的变化，仍旧处于比较平稳快速的发展之中。就骨骼和肌肉来说，骨骼中胶质成分的含量依旧比较多，钙质成分比较少，骨骼的坚硬程度不及成人；肌肉水分含量大，肌肉纤维以纵向发展为主，肌力比较小。

但是，男生和女生之间逐渐出现发展差异。一般来说，女生的发育时间要比男生的发育时间早1—2年。此外，这个阶段小学生神经系统的发展比一、二年级时要快，其兴奋和抑制的机能有所增强，所以他们的注意力集中水平以及自我调控能力也有所发展。这个阶段是小学生速度素质、腰腹力量、柔韧素质、耐力素质、灵敏素质等运动素质发展的敏感时期，因此他们能够更加快速并且更加准确地掌握运动动作和技术，把握好这个时期的体育教学对于帮助学生打下良好的体育运动基础、促进学生后续的体育学习和发展都具有重要的意义。

（三）高年级小学生的生理发展状况

小学高年级阶段指的是小学五年级和小学六年级，一般这个阶段的小学生年龄在10—12岁。这个阶段也被称为"第二发展期"，小学生会在这个阶段再次进入高速发展。

这个阶段小学生的身高、体重、骨骼和肌肉等生理要素都会得到非常明显的生长发育，力量素质、速度素质、灵敏素质等运动素质再次明显发展。此外，这个阶段的小学生逐渐出现第二性征，比如女生开始出现月经初潮的现象。在体育教学的过程中应该注意到第二性征的出现，注意对男女生区别对待。此外，这个阶段是小学生力量素质和耐力素质发展的敏感时期，在体育教学的过程中应该特别注意抓住机会发展这两项运动素质，可以安排一些运动时间比较长、运动量比较大的运动训练，尤其要注意合理安排运动间歇。同时，小学生并未发展完全，其各项运动素质和成人之间依旧存在较大的差距，因此要设置合理的运动负荷，防止因过度运动而对小学生造成损伤。

二、小学生的心理发展状况

小学生的心理发展状况和其生理发展状况一样，也会因为生长发育阶段的不同而存在差异。这里我们也按照上述阶段划分，对小学生的心理发展状况做具体阐述。

（一）低年级小学生的心理发展状况

从观察能力来说，低年级小学生一般只能观察到事物的整体，对事物形成整体印象，但是对事物细节部分的观察能力不足，观察力不够精确细致；从思维能力来说，低年级小学生以具象思维为主，抽象思维的能力比较差，对事物的认知非常浅显；从情绪状态上来说，低年级小学生的情绪状态非常不稳定，情绪起伏、波动比较大；从自控能力上说，低年级小学生的自控能力比较差，非常容易在他人的影响之下产生各种模仿行为；从人际交往需求上说，低年级小学生正处于人际交往的开化期，非常乐于和别人进行交流往来，交友的动机也非常单纯，但是人际关系非常不稳定。

在体育教学的过程中，低年级小学生对教师的依赖程度非常深，基本上将教师视为自己最为尊重和信任的人；他们喜欢听到教师夸奖和鼓励的话，但是教师的批评一般不太有用，因为他们很快就会忘记；他们还开始学会评价自己和他人，但是对自己的评价一般都不太客观，比较容易看到自己的长处。

（二）中年级小学生的心理发展状况

从思维能力上说，中年级小学生开始具备一定的抽象思维能力，对事物认知的深度有所发展；从情绪状态上说，中年级小学生的情绪已经达到一种比较稳定的状态，并且能够在道德规范的约束下控制自己的情绪；从人际交往上说，中年级小学生已经能够将性格特点、兴趣爱好等因素作为交友的标准，并在一定程度上根据这些标准选择自己的朋友，人际关系的稳定性也有所增强；从自我评价上说，能够比较客观地评价自己，希望得到别人的尊重和认可；从他人评价上说，开始学会从心理、行动等多个方面评价别人，并且学会进行对比；从对老师的态度来说，不再过分依赖和完全信任教师，开始关注教师的行为是否公平、公正；从性格上说，开始呈现比较明显的积极或者消极的性格特征。

根据中年级小学生的心理发展特点，教师在体育教学中应该注意以下事项。

（1）认知带有比较强烈的随意性和情绪性，很容易对各种新鲜的学习内容产生学习兴趣，但是对动作的认知不深刻，时间感和空间感不强，容易混淆动作，经常会忘记主要的学习目的。所以教师的教学存在一定的难度，需要选择符合学生身心发展特点的学习内容和方法。

（2）注意力集中程度不高，集中的时间比较短，注意力的发展依旧比较不完善，因此教师选择的教学内容时间不应该过长，每种教学内容的练习时间最好控制在20分钟以内。

（3）记忆力依旧以无意记忆为主，教师应该尽量控制讲解的时间，采用的讲解语言和方式应该尽量生动有趣；多留时间供学生练习，帮助学生形成动作记忆。

（4）情绪调节能力和自控能力都有一定的发展，但是发展水平都比较有限。就情绪调节能力来说，中年级小学生逐渐开始学会在道德规范的要求之下进行情绪调节，但是各种情绪表现比较明显；就自控能力来说，在没有明显诱因的情况下，能够在一定程度上控制自己，但是比较容易受到他人，比如教师的影响。因此，教师在体育教学中应该密切关注中年级小学生的表现，及时给予调节和引导。

（5）选择朋友开始具备一定的标准，一般会根据自己的兴趣爱好交朋友，朋友关系开始具备一定的稳定性；开始具备一定的集体意识，能够在一定程度上遵守集体的要求和规范；愿意和自己关系比较好的同学结合起来进行练习，教师可以多采用小组练习等形式来激发学生的学习兴趣。

（6）开始具备一定的性别意识，逐渐明白男女有别，比较回避和异性之间的关系，不愿意与异性接触过近。教师应该在尊重学生心理的基础上，引导学生形成正确的性别意识，帮助学生建立正确的同学关系。

（7）逐渐形成自我评价意识，开始评价自己的学习状况并和同学进行对比，希望自己能够获得别人的尊重和赞扬，比较抗拒被批评，但是被批评之后的情绪恢复速度比较快。

（三）高年级小学生的心理发展状况

1. 情绪方面

一方面，高年级小学生处于一种情绪比较敏感的时期，容易受到各种事物的影响而产生情绪上的变化，同时情绪的表现也非常强烈，希望别人注意到自己的变化；另一方面，这个时期的小学生已经具备了一定的情绪控制能力，一般情绪的变化都具备一定的诱因，不会无缘无故变化情绪，但是其情绪的控制能力依旧比较差，在具备影响因素的情况下一般很难控制和调节自己的情绪，无法深入分析情绪产生的原因以及解决办法，也很难进行自我开解。

2. 认知方面

这个阶段的小学生处于求知欲发展的高峰时期，很希望从外界获取更多的认识，但是另一方面，这个时期的小学生依旧具备很强的幼稚性，无法分辨认知的正确与否，又比较抗拒别人的劝告和建议。

同时，学生在思维、认知水平、兴趣爱好等方面的差异逐渐展现出来，学习水平和学习成绩上的差异越来越明显，学生自己也会意识到自己的优势和不足。这个时期也是学生性格形成的关键时期，自己的表现以及受到的引导将会对学生的性格形成产生重要的影响。

3. 学习方面

在学习方面，高年级小学生对教师的依赖程度逐渐降低，不再全身心信任教师，对教师的管教也不再全盘听取，对教师的行为逐渐有了自己的评价和判断；对教师的教学水平也有了一定的要求，单调枯燥的教学方法和教学手段不再能够引起他们的兴趣；就自身来说，他们对外界的认识逐渐增多，越来越多的兴趣被外界吸引，注意力很难集中到学习上。

4. 交往方面

交友的选择标准更加严格也更加多样化，和朋友之间的关系更加稳定，倾向于和朋友形成小团体，友谊中的排他性和稳定性比较明显。跟家人相比，更愿意和朋友相处，朋友之间的亲密共享意识更加强烈。

性别意识更加明显，开始对异性产生一定的好感，但是对这种好感的认识比较不清晰，外在依旧表现为对异性的排斥和相互攻击。

5.生活方面

已经具备一定的生活经验，在一定程度上能够生活自理。这个阶段的小学女生在生理上可能会出现一定的变化，比如胸部发育、月经初潮等，这可能会给她们带来一定的恐惧和困扰。

根据上述高年级小学生的心理发展特点，教师在体育教学过程中应该注意以下事项。

（1）认知水平有了进一步发展，认识的目的性增强，认知的精确程度也有所提高，能够掌握练习的目的，对局部动作和动作细节也能够产生比较细致准确的认识。因此，教师可以适当提高教学内容的难度以及对动作练习的要求。

（2）注意力进一步发展。一方面，注意力的集中时间有所延长，由之前的20分钟左右发展到25分钟左右；另一方面，注意力的分配能力进一步发展，开始能够注意多方面的内容，比如在注意上肢动作的时候还能同时兼顾下肢动作等。教师可以适当延长练习变换的时间，并且可以适当提高动作的难度。

（3）抽象思维能力进一步发展，逐渐形成具象思维和抽象思维共同运作的思维方式，但是具象思维占据的比重依旧较大，动作学习还是以模仿为主；有意记忆进一步发展，逐渐认识到记忆的目的并开始自觉进行记忆。在这种情况下，体育教师在教学过程中应该注重对学生的启发，锻炼学生比较、分析以及综合思维的能力。

（4）性别意识进一步增强，开始注意和异性之间的界限；同时自身的身体发育出现一定的性别特征，比如女生的胸部开始发育以及会出现月经初潮的现象，教师在安排教学内容以及练习活动的时候，应该充分考虑到男女生之间的差别，防止给学生制造尴尬。

（5）团体意识增强，团体练习、团体协作的意识比较强烈；能够接受基础动作的练习，但是依旧偏向趣味性比较强的练习活动。教师在教学的过程中，可以在尊重学生意愿的基础上采用分组练习的方式，还可以采用竞赛、游戏等学习形式，以激发学生的学习兴趣。

（5）自我评价的意识进一步增强，注重自己能力的发展并希望得到他人的关注和尊重，对教师不再唯命是从，但是比较能接受教师摆事实讲道理，希望教师能够做到"公正"，尊重规则和约定。教师在教学的过程中应该注意自己的行为是否符合教师准则，以及在对学生进行评价的时候应该给予学生充分的尊重。

第二章　小学体育教学理论体系的构建

　　小学体育教学是一项充满挑战与个性的艺术活动，体育教师面对一群生动活泼、有思想、有个性的小学生，教学效果的好坏与体育教学理论体系的建构有关，科学、完善的理论体系能够帮助体育教师将正确的教学规律、教学原则、教学手段、教学方法运用于小学体育课堂教学实践中，最终形成每一个体育教师自身富有特色的体育教学风格。与此同时，本章内容注重体育教学的实践性，例如，设计与编写体育课教案等，做到理论联系实际，灵活应用理论知识。

第一节　小学体育教学规律与原则

一、小学体育教学规律

　　体育教学过程不仅是一个育人过程，还是一个不断运动变化的发展过程，为了使体育教学达到应有的效果，保持高质量，拥有鲜明的节奏和井然的秩序，必须深入探索体育教学各要素之间的必然联系和内在的基本规律。根据这些规律确定教学手段、教学方法，实现教学目标。小学体育教学的基本规律包括两大类：一般规律、特殊规律。

（一）体育教学的一般规律

一般规律指体育教学与其他科目教学共有的规律。

1. 认识规律

辩证唯物主义认识论是体育教学过程的方法论基础。人们通过各种感觉器官建立了与外部世界之间的联系，形成了对外界事物的初步感觉，从而进一步形成了对事物的初步认识，再依靠抽象思维，努力探索事物的本质、运动与发展的客观规律，逐渐从感性认识上升到理性认识，最终在头脑中形成科学的概念，并根据现实情况不断深入对这些概念的理解。教学活动作为一种面向学生群体的特殊的认识活动，需要教师在体育教学过程中，将感知、思维、实践三个环节紧密结合，帮助学生在遵循认识活动规律的基础上，真正掌握体育知识、运动技能。其中，感知是认识事物的开始，是形成表象的基础；思维是形成理性认识，掌握动作的关键；实践是巩固和运用知识，改进提高运动技术，发展身体，增强体质，促进健康，培养良好思想品德的途径。①

2. 教育、教养、发展相统一规律

教学过程需要师生的共同参与，教师在面对学生开展教学活动时，需要以较为明确的目标为指引，将教育、教养、发展三大内容统一起来。其中，教学的教育目标是指，教师采用相应的教学手段与教学方法将系统的知识、技能传授给学生，武装学生；教养目标指，教师将思想品德教育融入日常知识、技能的教授中，提升学生的思想境界、道德水平、精神面貌、意志品质等等；发展目标指，教师在传授知识、技能的同时，充分挖掘学生的潜力，使学生的体能、智能得到充分发展。教育、教养、发展三者密切相关、相互促进、互为因果，构成了一个统一的整体，统一于教学目标体系之中。教师应该遵循三者之间的客观规律，合理安排教学活动。

---

① 陈曙.小学体育教学论[M].北京：北京师范大学出版社，2016.

3. 教学内容、教学过程相统一规律

学校里任何一门课程都离不开教学内容、教学过程这两方面的内容，教学是教学内容与过程的统一。课堂上采用的具体教学形式（如具体的教学原则、教法、组织形式等）由教学内容决定，教学内容十分重要，在很大程度上支配着实际的教学过程。相反，教学过程也在一定程度上制约着最终教学内容的实现，影响教学理论体系的形成。

教学过程处于不断的发展变化过程之中。在此过程中，教师起着主导作用，引导学生开展学习、实践活动，完成由不知到知，由知到用的转化。然而，教学活动的成果不仅需要教师起到很好的主导作用，还需要学习的主体——学生的具体表现，学生的学习态度、个人能力作为内因，是教师教学活动得以成功的根源与关键。在教学活动中，如果没有学生的主导与控制、感知、思维、实践等各项活动，学生不能反复回顾所学知识、练习相关技能，仅仅凭借教师的单方向灌输，学生是无法实现认识与行动上的发展的。

4. 控制反馈规律

体育教学活动本质上是一个教师作为信息源，学生接受信息的双向交流过程，此过程还包括一个反馈过程（图2-1），整个体育教学控制反馈过程具有有序、动态、可控等特性。

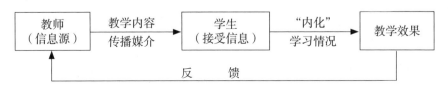

图2-1　教学控制反馈过程示意图[①]

教学过程简言之就是教师在课堂教学前，认真钻研教材、编写教案、进行场地器材的布置，做好充足的准备、确定好教学内容后，实施课堂教学，通过有关媒介传递出需要学生掌握的知识、信息，指导学生开展学习活动，学生将信息"内化"后，教师通过学生做出的反应（包括学生的学习态度、

---

① 陈曙.小学体育教学论[M].北京：北京师范大学出版社，2016.

学习情绪、纪律状况、作业完成情况等多方面的内容），获得实际的教学反馈，同时，分析教学效果，充分考虑目前状况与教学目标之间的差距，及时调整教学方法、教学手段，教学内容，安排接下来的教学活动。

体育教学过程也是在控制、反馈的不断循环中实现的。在体育教学中，反馈具有层次多的特点，反馈主要包括三种类型：即时反馈、中时反馈、长时反馈。即时反馈包括学生在课堂上的纪律表现、练习情况、学习积极性、随堂测验成绩等内容；中时反馈包括单元、阶段考核等相关内容；长时反馈包括学期期末考试、毕业考试等相关内容。在体育教学实践中，体育教师需要对学生的即时反馈保持敏感，在课堂上及时调整教学方式，保证良好的课堂教学效果。

（二）小学体育教学的特殊规律

特殊规律指体育教学不同于其他科目教学所特有的规律。

1. 动作技能的形成规律

不同于其他科目的教学活动，体育教学中动作技能的形成有自己的规律、特点。其形成过程包括粗略掌握动作阶段、改进提高动作阶段、巩固与运用动作阶段。在体育教学实践过程中，这三个客观存在的技能形成阶段各自占用的时间、各自的特点，因教学内容的难度差异、体育教师教学组织的能力差异、学生体育基础条件的差异而有所不同。教学手段和方法的选择应该与技能形成的不同阶段相对应，充分考虑不同阶段的特点、目标、要求，起到事半功倍的效果。

2. 人体机能的适应性规律

当一个人投入体育运动活动中，体内会引发一系列的变化过程，人体机能对这些变化的适应呈现出一定的规律性。当人体开始运动时，身体需要承受的运动负荷逐渐加强，体内的异化作用明显增强，能量储备减少，此阶段被称为"工作阶段"；经过一段时间的调整，体内的能量储备逐渐恢复，此阶段被称为"相对恢复阶段"；再经过一段时间的休息，人体内的能量得到补偿，机体功能恢复到超过原来水平的状态，此阶段被称为"超量恢复阶段"。超量恢复的具体状况因人而异，与个体运动负荷的大小、新陈代谢的能力相关。

　　根据人体机能的适应性规律，为了有效增强学生的体质，体育教师应该充分了解机体适应的过程（图2-2），科学控制体育练习的时间间隔，下一堂课安排在上一堂课后的超量恢复阶段，保证发生体育练习的积累效应，从而更好地提升学生的身体功能。若两堂课的间隔时间过长，机体就丧失了负荷后的痕迹效应，使工作能力快速下降到原来的水平，即进入到"复原阶段"。

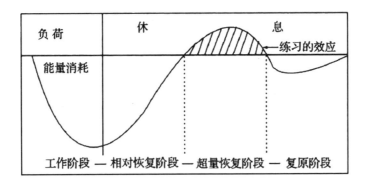

图2-2　机体适应过程示意图[①]

3. 人体生理机能的变化规律

　　学生在体育教学活动中，身心共同参与，得到良好的锻炼，在练习、休息，练习、休息的反复交替中，人体生理机能的变化也呈现出一定的规律。仅从一堂具体的课程来看，人体工作能力水平呈现出上升—稳定—下降的趋势（图2-3）。

　　通常情况下，青少年机体活动能力上升所需的时间短、上升速度快，高峰阶段持续的时间较短。在体育教学实践活动中，运动负荷时起时伏，生理机能变化呈现出波浪式的曲线运动。与此同时，学生的心理活动（包括注意、情绪、意志等多项内容）也呈现出高低起伏的曲线运动状态。体育教学

---

① 陈曙.小学体育教学论[M].北京：北京师范大学出版社，2016.

应该时刻关注这种波浪式的曲线变化，注意把握好教学节奏。

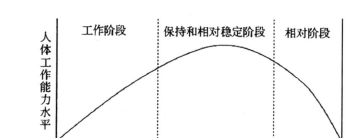

图2-3　人体生理机能变化示意图[①]

二、小学体育教学原则

教学原则是教师开展具体教学活动所必须遵守的规律，指导着教师的"教"的过程和学生的"学"的过程。体育教学原则反映了体育教学的客观规律，是体育教学工作者在长期教学实践过程中的经验总结。随着基础教育课程改革的深入、体育教学实践的深入、教学经验的广泛积累，体育教学原则变得越来越充实，人们对规律的认识也越来越清晰、深刻。

（一）全面发展原则

全面发展原则指体育教师在开展体育教学活动的过程中，贯彻"健康第一"的体育教学指导思想，注重学生各项身体素质、基本活动能力、心理素质的协调发展、全面发展。

当今世界，各个国家都十分重视基础教育，重视人才的培养。目前，我国大力推进课程改革、素质教育建设，落实科教兴国战略。然而，我国的应

① 陈曦.小学体育教学论[M].北京：北京师范大学出版社，2016.

试教育倾向仍然十分明显，要想改变这一现状，必须全面落实素质教育，重视学生的全面发展，重视学校体育教学，在学校体育教学中实施素质教育。我国在学校体育教学方面提出了多项具体要求。例如，树立"健康第一"的指导思想，加强体育教学工作，帮助每一位学生掌握基本的体育知识、运动技能，养成终身体育的良好习惯。体育教师应在体育教学中始终遵循"健康第一"的指导思想，真正做到以学生为中心，以学生的健康发展作为根本出发点，实现体育教学的最终目的，使学生的身心健康得到全面协调发展。

促进学生整体素质的全面发展符合当代教学改革的基本精神，教师、教育工作者需要突破原有的以知识为主的教学体系框架，在教授知识、培养学生能力的同时，发展学生的非智力因素，培养学生的个性，促进学生的全面发展，帮助学生寻找自我，实现自身的人生价值。教师可以在全面发展原则的基础上，建立起适应素质教育的体系。例如，提出情景性原则、兴趣先导原则等。

（二）人文精神原则

小学体育教学应该遵守人文精神原则，注重以两方面内容展开。

（1）突出学生的主体性发展，激发低年级学生的内部需求，增强学习动力，注重师生之间的民主合作、平等交往。

（2）注重体育教学情感性、审美性、艺术性的表达。

（三）教与学统一原则

体育教师在教学活动中需要正确规划、具体划分教与学的各项任务，将教与学二者真正统一起来，为新课程标准的教学目标服务。

传统体育教学重教轻学，重视对教师"教"的过程的指导，缺少对学生"学"的过程的指导。然而，随着人们对教育本质的认识越发深入，教学开始既重视教师的"教"，又重视学生的"学"，教师的"教"是为了学生的"学"，逐渐改变教师为单纯的传授知识而教的局面。

（四）终身体育与发展性原则

小学体育教学需要突破传统体育教学的知识传递形式，重在培养学生的兴趣，使学生获得积极的情感体验，从而丰富运动体验、积极参与各项体育锻炼，发展自身个性，活跃身心，更加自律、自强、自信，为终身体育奠定基础，实现自我发展。

（五）多种评价方式相结合原则

小学体育教学评价需要结合多种评价方式，从学生、教师、环境多方面内容入手，采取定量评价、定性评价相结合的手段，将学生意志、情感、兴趣等非智力因素考虑在内，将教师的指导思想、教法手段等内容考虑在内，将学校的校风、学风等因素考虑在内，将教学结果的终结性评价与形成性评价相结合。

第二节　小学体育教学手段与方法

一、小学体育教学手段

（一）体育教学手段的概念

手段一词指达到目的所采取的方法或措施。在具体的实践过程中，体育教学手段有广义、狭义之分。

（1）从广义上来说，体育教学手段包括多项内容。例如，教学原则、教学内容、教学活动中使用的组织与技术等。

（2）从狭义上来说，体育教学手段特指场地、仪器、设备等帮助实现体育教学目标的物质资源。

综上所述，体育教学手段指体育教学中传递信息和情感的媒介物，以及发展体能和运动技能的操作物，具有沟通信息的作用。教学目标决定了具体教学手段的选择，而教学手段是实现教学目标的必要条件。因此，只有具备明确的教学目标，才能选择出符合现实情况的最佳教学手段，使得体育教学取得应有的成效。教学目标作为教学工作开展之前的愿望与要求，不可避免的带有一定的预期性、主观性，只有合理选择、综合运用各种教学手段，才可能将教学目标落实。目标与手段紧密联系、相互依存、不可分割。

（二）体育教学手段的主要类型

按照不同的分类方法，体育教学手段可以被划分为多种类型。

1.根据教学手段的时代性特征划分

（1）传统型体育教学手段。包括普通的体育场地、器材、教室、室内设施（包括黑板、模型、图表）等。

（2）现代型体育教学手段。包括幻灯、广播、电视、录音、录像、计算机等现代化教学设备。

2.根据在教学实践中运用的频率进行划分

（1）常规型体育教学手段。指在大多数学校中被广泛运用的教学设备，通常具有简易、轻便的特点。通常包括大部分上述提及的传统型体育教学手段，与此同时，还包括一些便于实施的电教手段。例如，幻灯、投影等。

（2）专门型体育教学手段。与常规型体育教学手段相比，专门型体育教学手段通常指一些精准度高、价格较为昂贵的设备。

需要注意的是，常规型与专门型、传统型与现代型体育教学手段的分类只是相对的，随着时代的进步，科学技术的发展，一些现代型、专门型的手段会逐渐过渡到传统型、常规型。

3.根据各种手段作用于人的不同感官来划分

（1）视觉型体育教学手段。例如，板书、教具、模型、幻灯片等。

（2）听觉型体育教学手段。例如，节拍器、播音机、手鼓等。

（3）视听型体育教学手段。例如，电影、录像、多媒体教学软件等。

（4）综合型体育教学手段。包括综合运用多种感觉器官（触觉、视觉、听觉等）的体育场地、器材等。

除此之外，体育教学手段还可以分为固定型、可动型（根据设备的可移动性进行划分）；硬件、软件（根据仪器设备的技术性能进行划分）等。体育教师在开展教学活动时，需要充分了解各种手段的具体特点，根据实际的教学要求选择与运用不同的教学手段。

（三）体育教学手段的具体功能

体育教学手段的功能主要表现在以下几个方面。

1. 及时沟通信息，调控教学过程

师生在课堂教学活动中，需要相互传递各种视觉、听觉信息，教师通过场地、器材、各种工具（包括电视、录像等）将这些信息传出，以供体育教学使用，体育教学手段具有沟通信息、调控教学过程的重要作用。

2. 提高教学质量

体育教师通过教学手段将教学信息发出后，学生（信息的接收者）转化并储存的接收量决定了信息的效益，决定了最终的教学效果。信息的接收量一方面取决于信息本身的可接收性，即新颖性、有效性等；另一方面取决于接收者的现实状态，即学习者的动机、情绪、兴趣、态度等。综合运用多种类型的体育教学手段，既可以提升信息本身的可接收性，又可以改善接受者的状态，提高教学的质量。

3. 提高体育教师的指导水平

现阶段，教师除了需要"传道、授业、解惑"之外，还要注重学生的身心全面发展，特别是培养学生的个性、能力。体育教师有效、合理地使用各种教学手段，不仅可以使自身对学生的指导工作更加可控，而且可以提升自身的教学技巧。

4. 举例说明体育教学手段的功能

足球教学课堂上，体育教师播放比赛集锦，利用先进的技术手段分解与放大视频中的动作，使学生更加深入地了解不同的技术动作，在头脑中形成直观印象。标志桶是另外一种在足球教学中常见的教学手段，通过改变标志桶的具体位置、形状，对学生提出不同的要求，这种教学手段的运用提升了学生的兴趣，有辅助教学的功能。

（四）小学体育教学手段的综合运用

1.体育场馆的使用

体育教学通常在各种类型的体育场馆中进行，体育场馆通常包括游泳馆、田径场、球类场馆、各类运动区等。校园内的体育场馆通常属于永久性建筑，建成后需要制定严格的场馆使用管理办法，最大限度地发挥场馆的作用。体育教师在开展教学活动时，需要合理划分场地区域，根据教学目标、教学内容、学生人数选择教学方法，布置场地。

2.体育器材的使用

体育教学工作的开展、最终的教学质量与体育器材的管理与维修息息相关。体育器材的使用与更新在很大程度上影响着体育教法的改革。小学体育教师在指导学生使用体育器材时，首先需要强调安全的重要性，结合教材内容、学生特点，运用好不同类型的体育器材。与此同时，教师要发挥自身创造性，科学设计与配置各种体育器材，提高器材利用率，变换与丰富练习形式，调动学生的积极性，活跃课堂气氛。

3.教学图表的设计与使用

体育教师出于教学任务需要，有时需要设计与使用教学图表。教师需要适应小学生的具体特点，绘制出图文并茂、新颖直观的教学图表，在合适的时机，选择不同类别的图表进行展示、讲解，或者指导学生使用相应教学图表。

4.现代化教学手段的运用

在体育教学中，现代化教学手段就像一座桥梁，帮助学生掌握体育知识技能，特别是针对低年级的小学生，合理运用现代化教学手段、信息技术，能够极大地优化教学情境，增强学生的好奇心，调动学生的积极性，具有非常重要的作用。

（1）利用现代化教学手段，激发学生的兴趣，优化教学环境。体育教师可以利用理论课充分了解学生的兴趣爱好、个人特点，为体育课程活动的具体安排做好准备。体育教师应摆脱传统教学的呆板讲解、空洞说教，利用体育录像带、DVD等教学手段，将教材的知识性、趣味性、育人性结合在一起，全面接受来自各器官的信息，形成直观、形象的运动感觉。例如，体育教师在讲解"原地单手肩上投篮"这一较难的篮球技术时，可以先让学生观看篮球比赛录像，欣赏球星们的精彩进球，激发学生在学习上的热情，随后回放"单手肩上投篮"动作的慢镜头，将教学重点放在"蹬、伸、屈、拨"四个技术动作上，并在幻灯片上呈现相应文字说明，强调具体的动作要求、易犯错误等。理论课的铺垫为学生亲身参与实践课的练习打了良好的基础。现代化教学手段的运用创设了良好的体育课教学环境，实现了动静结合、声像合一，有效地调节了教学结构。

（2）利用现代化教学手段，提升学生的审美情趣。从根本上来说，体育本身具有强烈的美感，包括韵律体操、足球、篮球、武术在内的各项体育运动都具有很强的美学价值，体育课程的实践教学需要具体的动作示范，帮助学生直观的感受美、塑造美。然而，大多数体育教师自身能力有限，难以准确完美地展示各项运动技能，现代化教学技术的出现能够很好地化解这一难题，体育教师通过现代化教学手段的辅助，能够真实精准地展示各种技能技巧，引导学生进行感知、体验。例如，在艺术体操的教学中，体育教师让学生观看艺术体操录像，科学使用现代化教学技术，与此同时，进行技术指导，帮助学生一步步领悟美的内涵，陶冶情操，对动作的改进与舒展有极大的帮助。

（3）利用录音机等设备培养节奏感。大多数体育课在室外进行，小学生反复进行技术动作的练习时，难免会感到单调、无聊。此时，体育教师播放一些节奏感强的、深受大家喜爱的音乐，创造一个轻松的环境，势必能让学生感到耳目一新，跟着音乐节奏做动作；在比赛的活动间隙播放一些节奏感强的音乐，能够帮助学生放松身心，得到一定的休息。

二、小学体育教学方法

学校体育教学的重要任务是提升广大学生的身体素质，促进身体机能的正常发展。基础教育阶段尤其需要重视体育教学，小学体育教师需要掌握儿童生长发育的客观规律，了解其生理、心理特点，在教学方法上实现小学体育教学的"三化"标准，即儿童化、兴趣化、游戏化。

（1）儿童化。儿童化教学指小学体育教学需要符合儿童的年龄特点，多采用直观、形象的教学手段。儿童具有儿童的本性，以形象思维为主。体育课中，教师应运用"童心、童愿、童言"开展体育教学活动，防止教学出现"成人化"趋势。有些体育教师在小学体育教学中进行了大胆的尝试，引入了大量的现代竞技运动先进技术，但此做法是否有利于增强小学生的体质，还需要经过实践检验，经过科学的分析与研究，小学体育教学的好坏不可单纯以技术的掌握程度来评定。

（2）兴趣化。小学生具有好动、喜新厌旧等本性，讨厌单调、重复的练习。体育教学的兴趣化能够满足儿童的情绪需求，增强学生的学习热情。因此，体育教师需要采用多样化的教学手段，当学生因重复练习而感到无聊、枯燥时，游戏法、比赛法的有效运用能够活跃课堂气氛，提升学生的活动积极性。除此之外，体育教师的讲解需要尽量做到生动形象，教学方法力求多变，使儿童能够在生动活泼的体育课上释放天性。

（3）游戏化。众所周知，游戏因其强大的趣味性、竞争性，受到小学生的喜爱，在各种类型的游戏中，体育游戏对儿童有着较大的吸引力。在小学体育教学中，利用与发挥游戏教材的教育意义，能有效帮助体育教师完成体育教学任务。体育教师可以选择在课程开始和结束阶段，利用游戏法提升学生的注意力，在单调的练习中采用变换游戏的方式，加深形象化教学，防止学生出现疲劳、注意力不集中等情况。通过游戏教学提升小学生对于体育活动的兴趣，是一个值得关注的问题。

下面重点介绍几种新时代小学体育教学常用的教学方法。

（一）游戏教学法

运动游戏集简单性、趣味性、教育性、娱乐性等多种特性于一身，由基础运动动作组成，是一项古老的、但迄今为止仍然深受欢迎的活动。对于小学生而言，运动游戏既是娱乐，又是学习，小学体育教师可以将运动游戏视为一种最自然、最有效的儿童学习形式。

通常情况下，小学游戏教学内容所占的比例随着学年的上升而有所下降。在小学1、2年级的课堂教学中，游戏教学占30%；在小学3、4年级的课堂教学中，游戏教学占18%；在小学5、6年级的课堂教学中，游戏教学占12%。

使用游戏教学法需要重点关注游戏教材的选配原则以及游戏教法的组织。体育教师在选配游戏教材时，首先需要考虑小学阶段的体育教学目标，使得游戏教学符合学生身心发展的特点与规律，具有可行性和一定的教育意义。游戏教法的组织应该以直观教学法为主，教师的语言风格符合学生的认知水平。游戏教学法中涉及多种具体的游戏设计。

1. 课堂常规训练的游戏设计

体育课堂教学中通常都有队列训练的内容，若采用传统的教学形式，学生容易感到枯燥，难以做对、做好，体育教师可以设计游戏活动提升教学质量。例如，教师可以给每名学生进行编号，通过"找找火车头""快快集合"等一系列游戏，帮助学生熟记自身在队列中的位置，迅速站队。在提升小学一年级学生的空间知觉能力方面，可以选择"咕噜咕噜捶""图形跑"等游戏。

2. 教材部分的游戏设计

与单纯由游戏构成的幼儿园体育教材有所不同，小学体育教材开始包括一些技术性项目。例如，走、跑、跳、攀爬等。体育教师不仅需要教会学生相关技术动作，还要保持他们对体育活动的兴趣。因此，要针对教材内容巧妙设计多款游戏。例如，在走步教材中，将培养学生的走步能力作为主要的教学任务。在这类教材的教学活动中，可创造性的采用"击响走""两人三足走""穿大板鞋走"等游戏，切忌只进行齐步走练习，片面强调整齐。孩子们通常喜欢跑步这个项目，在教学中加一些游戏，如"老狼老狼几点了""丢手绢""迎面接力"等游戏，提高孩子们的运动兴趣，自发地奔跑、欢笑，在游戏中得到充分锻炼。

3. 放松部分的游戏设计

放松部分的游戏主要是为了帮助小学生在剧烈运动后放松身心，因此需要保证游戏方法具有简单易行、运动量小的特点。常见的放松游戏有"抓舌头""给球打气"等。

（二）情景教学法

体育教学中的情境教学法通过语言描述、实物演示等方式，引入、创设具有情绪色彩的具体场景，诱发学生入景动情，产生深刻的主体体验，主动开展体育学习。情景教学法十分适合在小学生中运用，以兴趣为导向开展实际的教学，促使学生产生优势兴奋效应。在具体的实施过程中，体育教师首先需要明确教学目标、了解学生实际需求、兴趣特点，设计相关故事情节、营造良好情景氛围，创设情境。在情景教学法中，常见的操作程序是：创设情境激发学生的运动兴趣——体验情节——收获运动乐趣。体育教师可从以下几个方面入手，实现情景教学。

1. 用生动的语言描述情境

体育教师在教学过程中，可以用生动形象的语言、夸张的语调绘声绘色地描述情景，使学生的情绪真正融入教师的语言叙述中。例如，在课程开始时的准备活动中，教师可以为学生的动作练习配上解说词，让练习变得更加积极、投入。

2. 利用生活经验展示情境

体育教师也可以利用小学生的生活经验创设具体的情境。例如，在开展球类教学活动时，组织广大学生集体观看激烈的世界杯赛录像，创设具有强烈情绪色彩的激动人心的场面，增强其情感体验，让学生跃跃欲试，主动参与到足球的学习之中。

3. 以实物演示情境

创设有情有景的实物演示情境，能够加深学生对所学内容的印象和理解。小学生大多喜欢直观的教具和形象化的头饰，体育教师在教学中可以充分利用这一特点，有意识地运用一些道具，增强学生的内心感受。例如，让学生戴上小青蛙的头饰开展立定跳远教学，鼓励学生在"小河"里的"荷叶"上进行跳跃比赛等，充分调动学生的学习积极性，投入动作的学习中。

4. 以多媒体再现情境

现代化多媒体教学具有显著的优势，能够在屏幕上展示各种画面，播放视频、音乐等。体育情境教学通过"入境"，让学生体验学习的乐趣，进而掌握动作技能。因此，低年级的教学非常适合采用体育情境教学。低年级学生的意识水平相对较低，容易"入境"，便于"提升"。

（三）"小集团"教学法

"小集团"教学法在小学体育教学中十分常见，指教师在课堂上将学生分成不同的小组，给学生自由活动的时间、空间，让学生在小组中相互帮助、相互监督，进行反复练习，巩固新掌握的运动技能。此教学通过学生之间的相互合作，培养学生的合作能力和自主学习能力。

在"小集团"教学中，教师充分肯定了学生的主体地位，让学生互相帮助、互相练习、互相评价，在此过程中，学生扮演着多种角色，有时当老师，有时作为学生。当学生扮演教师时，一种使命感会从心底油然而生，认真指导别人的动作，为别人提建议。这种做法不仅能使学生更好地巩固动作要点，也锻炼了学生的思考能力。对于一些胆小、理解能力较差的学生而言，同班同学担任教师的做法会减轻他们的思想压力，在融洽的氛围中更好地学习技术动作。当然，在此过程中，教师不能完全"袖手旁观"，需要发挥引导作用，及时指出与纠正学生的常见错误动作，引导他们多想、多练，反复体会。灵活运用"小集团"教学法，不仅能够增加练习密度，还可提升学生的责任感，加强同学之间的沟通交流，增强学生的沟通合作能力、社会适应能力。

（四）儿歌教学法

体育教学的艺术性可以通过教师的语言修养加以体现。体育运动本身具有很强的生活气息，给体育教学的讲解提供了良好的语言环境，体育教师在讲解动作概念、技术要领时，需要做到语言简练、准确、生动、易于理解。儿歌教学法在低年级教学中被广泛应用，其具有语言简练、极具节奏感、便于理解记忆等显著特点，深受小学生的欢迎。

有些儿歌已经广为人知，深入人心。例如，齐步走儿歌：抬头挺胸，听清口令，先迈左脚，十分重要，摆臂有力，踢腿整齐，横排对齐，竖排对正。

第三节　小学体育教学内容的选择

新课标中明确了课程目标，但没有明确规定体育教学的具体内容，只是划定了一个大致范围，不同地区、不同教师可以选择不同的教材实现同一个课程目标，同一个教材也能够实现教学目标的诸多方面。本节就小学体育教学内容的选择展开讨论。

一、小学体育教学内容选择的依据

（一）根据水平目标进行选择

小学体育目标管理体系明确指出，教学内容的选择需要符合具体的目标要求。换句话说，教师需要具体考虑选择什么样的教学内容和手段才能实现教学目标。例如，在面对"发展学生的有氧耐力"这一水平目标时，小学体育教师可以选择有氧健身操、跳绳等常见的学习内容，也可以选择健身跑等活动，但最终选择的具体内容需要能够实现"发展学生的有氧耐力"这一目标。

（二）根据学生的身心发展特征进行选择

不同年龄段学生的兴趣爱好不同，选择的教学内容也应该有所差别。小学生处在生长发育的关键期，对体育运动有着较为强烈的需求。在传统的体育教学中，体育教材的选择并不重视学生身心发展的客观规律，仅孤立地考虑教材内容的系统性，从竞技运动的角度选择教材内容，导致学生的学习内容远离了生活情景，降低了学生参与体育活动的积极性。例如，在选择投掷教材时，不宜选用推铅球教材，因为推掷动作在生活中很少见，投掷、抛掷动作则较为常见。随后，与投掷相关的教材大多定为实心球，但此番改动并没有在很大程度上改善教学的效果，因为将实心球作为主要教材，使得学生的练习内容缺乏变化，相当枯燥、单调，难以激发学生的热情，成为终身锻炼的有效手段。国外通常选用垒棒球、飞盘作为投掷教材，垒棒球、飞盘的变化形式丰富、趣味性较强，非常符合学生的身心特点，深受学生的欢迎，成为一种常见的运动方式。

（三）根据学校的现实状况进行选择

学校的现实状况，包括场地条件、器材设备等在内的客观条件限制了教学内容的选择。我国小学体育教师不能够照搬国外先进的教学内容，而是应该根据学校的现有条件、我国经济的发展状况选择最适合我国小学生需要的教学内容。在农村，一些规模小、条件差的学校是无法选择垒棒球、飞盘等投掷器材作为教学内容的，体育教师可以考虑将自制沙袋、毽子等作为投掷器材，实现因陋就简、因地制宜。

二、小学体育教学内容选择的方法

（一）从现有内容中选择

目前，我国小学体育教师可以选择的教学内容多种多样。例如，在跳高项目中，可以选择跨越式训练、背越式训练等，但这种竞技化跳高训练脱离了学生的生活实际，教师应该谨慎选择。

（二）改造现有内容

大多数传统教材、教学体系源于竞技运动，其目标在于提高竞赛成绩，与"课程标准"所倡导的促进小学生身心健康发展的目标不一致。小学体育教师在采用具体的教学内容前，需要对竞技运动项目加以改造，消除其单纯追求成绩的弊端，发挥竞技运动的激励优势，将竞技运动项目很好地融入日常的教学活动中。例如，在日本流行一种经过改造的排球运动，新式排球保留了传统排球的基本打法与规则，同时取消了竞赛最终的胜负，取而代之的是对战双方不断刷新过网来回次数的纪录，这一改变使得新式排球逐渐成为一种双赢活动。

现阶段，我国大范围地推广软式运动器材（如软式足球、软式哑铃等等），使竞技运动项目走进了人们的生活，成为大众体育运动内容。合理改造现有竞技运动项目，凸显了竞技运动的健身功效，值得进一步探索。

（三）从实际生活中选择与创新

学习内容与实际生活越是贴近，学生的学习兴趣就越浓，也更容易产生自信心与安全感。体育教师应该把帮助学生学会生活、学会生存视为己任，将教学内容回归于运动本身，精选教学内容。

民间有各种各样的体育活动可供教师选择，如划龙舟、放风筝、滚铁环等。民间体育活动是经过时间检验的趣味性极强便于实施的活动，是群众健身的重要手段，是体育课程取之不尽的宝贵资源，是学习内容的不错选择，小学教师应该充分利用民间体育活动资源。

任何一项体育运动都不能脱离人们的实际生活，运动融入生活，不断进行着创新与发展。足球、网球等多项运动源于生活的休闲娱乐活动，韵律操等部分运动源于人们对健康的强烈需求。随着人们生活方式的不断变化，人们对休闲健身的需求不断改变、不断增强，原有的运动内容得到改造、加工、创新，并涌现出新颖的运动内容。由此可见，生活是运动内容创新的源泉。特别是面对小学生，教师从实际生活中选择合适的运动内容加以创新与改造，更容易让孩子们接受。因此，体育教师要乐于观察现实生活，不断发现新的内容，从生活中汲取能量，创新体育教学内容，进一步提升学生的健康水平，让同学们充满活力。最近几年，日本在体育运动创新方面取得了不错的成绩。例如，许多学生采用运动的形式将生活中的一些实际内容加以表现，将吹泡泡、刷牙等日常活动创编成创意运动，成为一种教学、学习内容。

总而言之，小学体育教师在选择教学内容时，需要在尊重教学大纲的基础上做一些创新，注重联系生活实际，看重教学内容本身的价值，为学生提供锻炼、学习的好机会，在提升学生健康水平、社会适应力的同时，保持强烈的学习兴趣，为实现终身体育奠定良好基础，为小学生的全面健康成长保驾护航。

第四节　小学体育教学计划的制定

一、小学体育水平教学计划的制定

《体育与健康课程标准》（简称《课标》）是按照学生的水平划分学习阶

段、设置教学目标的。《课标》中教学目标涉及运动参与、运动技能、身体健康、心理健康、社会适应五大领域。

小学阶段可以根据不同年级学生的整体水平划分为三种不同的水平段（水平一、水平二、水平三）。通常情况下，1—2年级为一个水平，3—4年级为一个水平，5—6年级为一个水平。体育教师应该以"健康第一"作为指导思想，充分考虑不同水平学生之间的差异，制定短期、中期、长期教学计划，合理安排教学内容，完成具体教学目标。

水平教学计划在制定时可采取以下两种不同的方式。

（1）为实现目标群中的不同目标进行具体教学计划的制定，目标群一般由整体水平目标、子目标集合、单元教学目标组成。

（2）根据季节的不同（春、夏、秋、冬不同季节适合开展不同类型的运动项目）制定具体的教学计划。

二、小学体育单元教学计划的制定

学校体育教学要想实现运动认知、健身实践、社会适应的目标，需要通过单元设计的转化，使所有的教学活动具有现实操作意义，具体落实到每堂体育课的教学中。

小学体育教师在制定体育单元教学计划时需要遵循一定的程序，对单元教学中的各要素作出较为准确的定位，进行细致的学情分析（图2-4）。

图2-4　单元教学计划制定的程序

（1）单元教材教法分析。关注教材的育人价值，对学生身心发展、社会适应力提升的作用，展开学情分析，分析学生的学习能力、遇到新知识时的态度、在学习过程中可能面临的难题等。

（2）单元教学目标设计。围绕"运动认知、健身实践、社会适应"三大目标追求展开，针对体育知识、技能、动作方法、运动体验、锻炼习惯人际交往、环境适应等各个方面，制定具体的目标。

（3）单元学习活动设计。加强学生的知识体验、技能体验、能力发展体验，以"解决问题"为基本导向，开展各项体育活动（包括技能类、体能类、综合类活动），明确教学的重点、难点内容，培养学生各方面的能力，如健康知识、专项体能、游戏与比赛的运用、交往合作等。

（4）单元评价设计。结合多种评价方式，选取多种类型的评价指标，关注学生在学习过程中的发展与进步。

（5）单元资源设计。为完成教学目标、辅助学生完成教学任务创造适宜的环境，充分发挥不同资源的优势。例如，多媒体教学资源的动作演示功能等。创设丰富的情景，引导学生积极开展练习活动，提升运动技能，增强身心健康。

三、小学体育学期教学计划的实例

现以第八册体育课程教材为例，介绍一下针对小学4年级学生制定的教学计划（表2-1），4年级一个学期有18周，每周上3课时体育课，共需计划54学时的课程，阶段一、阶段三的教学可穿插自编操教学，以便全体学生顺利参与学期末的自编操比赛。

表2-1　小学体育学科第八册教学计划

执教老师	XXX	时间		2020年上学期
学生学情分析	学生情况		4年级学生，一个班约50名学生，无严重运动技能障碍者，男女比例大致为1：1。	
	技能情况		喜欢大肌肉活动，如跑、跳、踢毽子等，大多数同学的运动动作比较僵硬。	
教材分析	根据小学4年级的体育教材内容，教授卫生保健常识，开展游戏、韵律、自编操、体操活动，进行小球类、田径类项目学习。			
教学重点	熟记卫生保健常识，田径运动项目活动，展示自编操。			
教学难点	田径、自编操			

教学进度

学习领域	阶段	教学具体内容	学时
运动参与	阶段一：体育与健康常识	认识自己的身体，形成正确的身体姿势，掌握运动技能技巧。	2
运动技能	阶段二：身体基本活动	走	2
		跑	3
		跳	3
		投掷	3
		攀岩、平衡、爬。	3
身体健康		技巧	3
		徒手、轻器械操。	8
	阶段三：游戏	队列游戏	3
		奔跑游戏	4
心理健康		投掷游戏	4
		球类游戏	8
	阶段四：韵律操和舞蹈	韵律活动	2
		舞蹈	2
社会适应		机动	3
	合计		53

第五节　小学体育课教案的设计与编写

教案作为教师上课的依据，又被称为课时计划，是教师根据实际情况，结合教学进度、教学计划设计与编写的。可以说，教案好坏在很大程度上反映出一名教师的思想业务水平。在写教案之前，教师需要做好备课工作，只有重视备课环节，才能保证教案的质量。写好教案有助于提高教学工作的科学性、计划性，有助于教学任务的顺利完成。设计与编写教案，是每一位教师必须掌握的基本技能。

一、小学体育课教案的基本术语

（一）课程任务

在具体的一节体育课上需要达到的目标。通常写在教案的开头，指导一节体育课的活动安排。课程任务的制定需要明确、全面、具体。

（二）动作要领

身体练习的技术基础。教师在编写教案中，对新动作要领的描述通常较为细致，其中包含对动作要点、技术要点的描述（即对动作要领的简洁描述）。在进行技术描述时，多采用动作要点的概念，使用技术口诀的表达形式。

（三）教学重点

体育课教案一般涉及两个重点，即教材重点、体育课重点。

1. 教材重点

身体练习中需要突出强调的技术关键，教材重点内容相当客观。例如，跳远教材的重点在于助跑与起跳的结合。

2. 体育课重点

一节体育课的主要任务。一般情况下，在一堂仅仅四十五分钟的体育课中，不可能完成所有的教学任务，课重点仅仅是单元教学计划、学期教学计划的一个组成部分，一节体育课有一个重点内容即可。

（四）教材难点

教材难点指教材中具有一定难度的运动技术，通常学生需要花费较长时间才能掌握。教材难点一般具有主观性，每个人所认为的教材难点可能有所不同，与教学对象本身的身体素质、具体能力密切相关。例如，在跳远教材中，有的人认为起跳与助跑的结合很难掌握；有的人则认为助跑步点不准确，腾空时不平衡的情况难以克服。总而言之，教材难点因人而异，每个人不尽相同。

（五）一般性练习

一般性练习通常指一般性的准备活动、每堂课都需要进行的常规教学活动。

（六）专门性练习

专门性练习指为了学习一种特定的基本技术而需要进行的身体练习。

专门性练习通常包括诱导性练习、辅助性练习两种。诱导性练习指旨在掌握的较难动作相似而技术难度相对较低的练习。这种练习通过有效降低身体练习的难度，帮助学生更为顺利地掌握较难的运动技术。辅助性练习指与目标动作相关的身体素质练习。学生为了弥补身体素质欠佳的缺陷，往往开展多项辅助性练习，以便顺利习得某项技术。

（七）教学组织

体育教学组织包括教学分组、队形设计、器材摆放等多项内容。在教案的编写过程中，常用图形或符号表示教学的组织过程。

二、小学体育课教案的分类

体育课教案按照不同的划分标准可分为不同的类型。从体育课类型进行划分，可以分为理论课教案、实践课教案。从实践课类型进行划分，可以分为教学教案、活动课教案、考核课教案。从课程形式进行划分，可以分为文字教案、表格式教案、卡片式教案。

（一）文字教案

通常按照具体的教学程序进行编写，包括以下七项主要内容：教材内容、任务要求、场地器材、教学步骤、预计生理负荷曲线、练习密度预计、课后小结。

（二）表格式教案

表格式教案受到教师群体的广泛欢迎，通常采用表格的形式将教案内容科学地分配到不同的栏目之中，呈现方式简洁明了。

常见的体育实践课表格式教案的格式如下（表2-2）。

表2-2　体育实践课表格式教案的常见格式[①]

教学内容					
教学任务					
课的结构	课的内容	组织教法	次数	时间	强度
场地器材		心率曲线预计		练习密度预计	
课后小结					

常见的体育理论课表格式教案的格式如下（表2-3）。

表2-3　体育理论课表格式教案的常见格式[②]

课题		
教学对象		
教学目标		
教学重点		
教学难点		
时间	教学内容及教程	板书设计
课后小结		

---

① 陈曙.小学体育教学论[M].北京：北京师范大学出版社，2016.

② 同上。

（三）卡片式教案

将教案中各个环节的主要内容以卡片的形式加以表现，以便随时翻看（图2-5）。此种类型的教案具有简单、便于携带等显著特点。

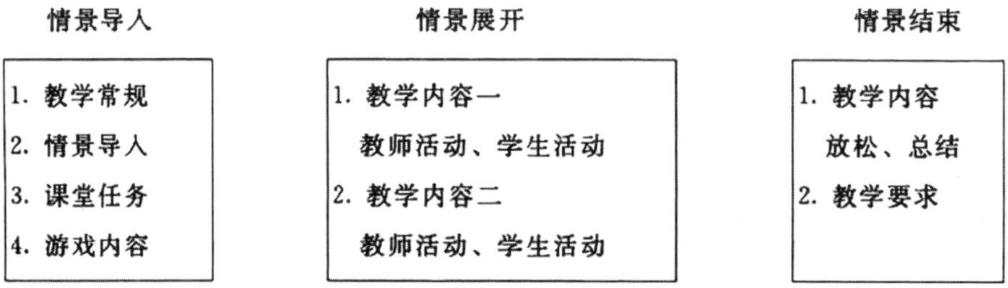

情景导入	情景展开	情景结束
1. 教学常规 2. 情景导入 3. 课堂任务 4. 游戏内容	1. 教学内容一 　教师活动、学生活动 2. 教学内容二 　教师活动、学生活动	1. 教学内容 　放松、总结 2. 教学要求

图2-5　卡片式教案

三、编写小学体育课教案的步骤

（一）确定课程任务

通常情况下，课程任务包括三个方面的内容，即掌握运动知识、技能；提高身体素质、提升运动能力；培养学生的个性和思想品德。

（二）安排具体课程的教材内容

课程内容、主要教材的选择需要符合学生身心发展的客观规律，在课前，体育教师需要深入研究、分析各种教材，把握教材的整体结构，掌握教材的重点、难点内容，研究教材内容对学生体质、知识技能的促进作用。

确定了主要教材后，还需要进一步安排教材的教学顺序，根据人的认知规律安排课程的教授顺序。

表2-4　安排教材的一般规律

安排在课的前半部分	安排在课的后半部分
技术复杂的教材及新授教材	易兴奋的教材（活动性游戏）
发展速度、灵敏的教材	发展力量和耐力的教材
运动负荷小的教材	强度较大的教材

（三）选择教学组织形式

教学组织形式在很大程度上影响着教学的实施、教学的质量，合理的教学组织能够保证学生的学习时间、练习时间，培养学生的组织纪律性。在选择教学组织形式时，需要充分利用场地器材，贯彻落实教学方法，采取必要的安全措施。队伍组织的关键在于方便师生观摩，与此同时，注意不同练习内容之间的衔接。例如，注意不同队形之间的变化衔接，保证整个练习过程的严密性，保证学生能够顺利完成课程内容。

通常情况下，存在两种课程组织形式：分组轮换形式、分组不轮换形式。分组不轮换形式适用于场地较大的情况，这种形式有利于教师进行集中指导。当场地条件欠佳，则需要采取分组轮换的形式。针对一些身体素质练习，可以选择流水作业或循环练习的组织形式。

（四）确定教法步骤

教法是教案的核心内容，教学方法的选择需要遵循科学性、系统性原则，始终为教学服务，充分考虑学生自身的理解接受能力，帮助学生在最短的时间内掌握动作、习得技能，与此同时，充分调动学生学习的主动性。

（五）设计课程的运动负荷

课程的具体任务、教材的难易程度、学生的实际水平等各方面内容都影响着运动负荷量，影响着练习的次数、时间、强度。选择合理有效的教法（如游戏法、竞赛法等）能够增大练习密度，提升学生的运动负荷，真正起到锻炼身心的作用。在设计运动负荷时，体育教师需要额外考虑体育课对其他课程学习的影响。

第三章　小学体育教学活动的科学组织与保障研究

　　小学体育教学活动的开展离不开科学的组织与合理的安排，科学组织体育教学活动能够提高教学效率，改善教学效果。此外，体育教学活动的顺利进行也离不开全面而有效的保障，包括营养保障、卫生保障、安全保障及医务保障，只有加强全方位保障，才能保证体育教学活动的科学性、有效性，进而提高小学生的体质健康水平和基础运动能力。本章重点对小学体育教学活动的科学组织与保障展开研究，以期为顺利组织与实施小学体育教学活动及提升活动的效率和安全性提供指导。

第一节　小学体育教学活动的科学组织

一、小学体育课堂教学活动的组织形式

　　目前，我国小学体育课堂教学活动的组织主要采用全班教学和班内分组教学两种形式。

（一）全班教学

全班教学就是面向班级全体学生统一进行集体教学。全班教学是我国小学体育教学中最常见的形式，在体育课堂上，体育教师对学生统一指挥，统一传授体育知识与技能，练习密度较高，全体学生都在教师的照顾范围内。在全班教学的组织形式下，体育教师布置同样的教学任务，提出同样的教学要求，统一指导全班学生进行学习与练习。采取全班教学组织形式的前提是体育教学的场地器材充足，能够满足集体上课的需求。通常在体育课的开始部分，也就是热身阶段，以及体育课的结束部分，也就是整理阶段，常常采用全班教学的组织形式。此外，在整理队形、广播体操、舞蹈教学、体能教学等教学活动中也常常采用这种组织形式。

采用全班教学的授课方式，班级全体学生学习同样的内容，保持相同的学习进度，体育教师一般不需要重复讲解同一教学内容或反复解答同一个教学问题，教师统一指导学生进行学习，对全体学生的学习与练习情况进行全面观察，鼓励同学之间相互帮助。总之，全班教学的组织形式在提高课堂教学效率方面有突出的优势。

但全班教学组织形式也有自身的缺陷，容易出现教师"满堂灌"、学生被动学习的现象，体育教师在课堂上有绝对的权威性，忽视了学生的主体性，而且往往学习基础好的学生更受教师的关注，其他学生容易被教师忽视。此外，和分组教学相比，学生之间缺乏更多的交流与互动，教师与学生的互动也较少，或者只与少数学生互动。因为教学时间的关系，师生互动较少，所以并不是每个学生的学习情况都能被教师及时掌握；反馈不及时，也制约了教师对学生的个别指导。

全班教学现在是我国小学体育课堂教学的主要组织形式，未来一段时间，因为各方面的原因，这种组织形式将会一直沿用下去，作为主流组织形式而一直存在。但鉴于这种组织形式有弊端和缺陷，所以体育教师要适当对其进行改革，优化这种组织形式，将其优势和功能充分发挥出来，克服或弱化其弊端，趋利避害，以提高全班教学效率和效果。

（二）班内分组教学

　　班内分组教学的组织形式在小学体育教学中也很常见，其指的是以体育课堂教学目标为依据而对全班学生进行分组，以小组为单位进行学习，体育教师对各小组分别进行指导，以促进体育课堂教学目标顺利实现的教学组织形式。小学生的身心特点和发展规律整体来说是相似的，但身心素质与运动能力都存在或大或小的差异，对此，体育教师对传统教学组织形式进行调整，采取分组教学的组织形式，这比较符合小学生的特点与现状。班内分组教学形式的实施使学生之间相互合作、交流的机会增加了，对建立良好的同学关系和营造和谐的课堂氛围具有重要意义。

　　分组教学的组织形式在国内外都很流行，国外比较流行外部分组和内部分组两种分组方式，每种方式下又包括一些详细的分组方法，从而构成了丰富多样的分组体系，如图3-1所示。

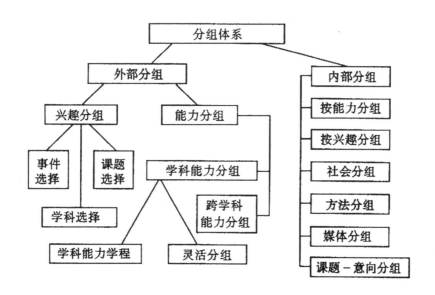

图3-1　分组教学体系①

---

① 李启迪，邵伟德.体育教学基本理论研究[M].北京：北京师范大学出版社，2014.

我国小学体育教学中，低年级一般以全班集体教学为主，高年级会根据学生的身心特点、性别差异、健康状况、体育基础水平、学习能力而进行分组教学。各组的学习内容可以相同，也可以不同。具体来说，班内分组教学又包括下列两种具体的形式。

1. 分组轮换

分组轮换指的是按一定的标准对全班学生进行分组，每组都指定一名组长，各组学生在教师的指导和小组长的带领下学习不同的内容，经过一段时间后，各组按计划轮换学习内容。这种分组轮换的教学组织形式在小学体育教学中比较常见。在体育教学场地器材不充足以及班级学生较多时可采用该形式，保证一定的练习密度，增加学生的练习机会，对学生的独立学习能力、合作学习意识以及自我评价能力进行培养。但分组轮换也有弊端，如给体育教师合理把握教学时间和灵活安排教学顺序增加了难度，同时增加了全面指导全体学生的难度。

分组轮换的具体形式如下。

（1）两组一次等时轮换

这种组织形式适合运用于班级学生较少、新授内容难度较大以及复习内容存在一定复杂性的情况下。具体实施方法为，按性别将学生分成男生组和女生组，其中一组学习新授内容，另一组复习之前学过的内容，每15分钟轮换一次，即调换学习内容（图3-2）。

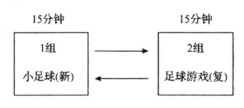

图3-2　两组一次等时轮换[①]

（2）两组一次不等时轮换

这种教学形式适合运用于班级学生较少，新授内容有一定的难度以及辅

---

① 陈曙.小学体育教学论[M].北京：北京师范大学出版社，2016.

助练习对学生很有必要的情况下。具体实施方法为，将学生分为两组，第一组学习新内容——跳远技术，第二组复习旧内容——攀爬技术。第一组在进行跳远练习前先做辅助练习，时间为4分钟，然后正式进行跳远练习，时间为12分钟。第二组复习旧内容12分钟后，进行跳远辅助练习，练习4分钟后进行正式跳远练习，此时第一组再进行攀爬练习（图3-3）。学生做辅助练习需要体育教师辅导，保证练习效果。

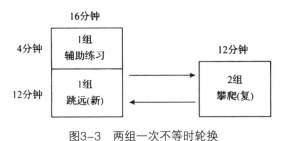

图3-3 两组一次不等时轮换

轮换分组还有三组两次等时轮换、四组三次等时轮换等形式，示意图分别如图3-4和图3-5所示，这里不作具体分析。

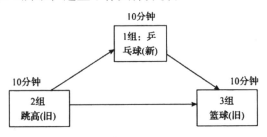

图3-4 三组两次等时轮换

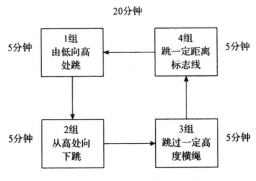

图3-5 四组三次等时轮换

下面再介绍一种先合（分）组后分（合）组的分组轮换教学形式。

（3）先合（分）组后分（合）组

这种教学形式适合运用于教学内容不易分割开来进行练习的情况。具体操作方法为，先采用集体授课的方式，教师统一要求全体学生进行同一内容的练习，然后对学生进行分组，各组练习内容不同，在预定时间轮换练习内容。或者先进行分组轮换练习，再进行集体练习。例如，测评学生某项技术能力时，先由全体学生做辅助练习，然后分组测试具体的技术完成情况，或者先分组测试，某组接受测试时，其他组复习旧内容（图3-6）。

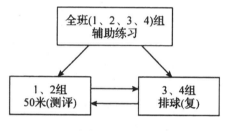

图3-6　先合（分）后分（合）组

2.分组不轮换

这种教学组织形式通常运用于学校体育教学场地设施条件能够满足班级全体学生练习需求的情况下。先按照一定的标准对学生进行分组，各组学生的学习内容相同，教师统一指导各组学生按照顺序依次学习，逐步完成课堂目标。分组不轮换常常用于小学高年级的体育教学中，一般按性别将学生分成男生组和女生组，各组各自学习，组内相互讨论，最后在课堂总结阶段两个大组之间相互分享经验，交流成果。

有时体育课上的分组是临时安排的，是为了更好地满足教学需求和提高教学效率而进行分组的。虽然分组教学的组织形式契合了学生之间存在个体差异的客观事实，但它也存在一定的局限。所以在体育课堂上采用分组教学的组织形式时，要克服弊端，发挥分组教学的优势，尤其要注意对体质较弱学习小组、体育水平较差学习小组以及女生学习组的特殊照顾，提升这些小组的学习能力和健康水平。分组教学中，体育教师很难照顾到各个小组，所以要注意培养体育骨干，发挥体育委员或体育骨干的作用，使他们协助体育教师完成分组和轮换教学内容的任务，这有助于培养体育骨干的自信心和组织管理能力。

二、小学体育教学活动组织的要点

（一）分析小学生的身心特点，激发其学习兴趣

小学生处于少儿时期和青春期前期，体育教师要根据小学生特殊的身心发育特点而对教学内容进行安排，采用恰当的方式来组织教学。一般来说，在一节体育课中，前半部分学生比较容易集中注意力，而在后半部分最能体现学生的意志力。根据学生的这一心理特征，体育教师应在课的前半部分安排新内容的教学，使学生学习与掌握新内容；而具有游戏性、趣味性、竞争性的教学内容与活动应安排在课的后半部分，以调动学生的参与热情，使其积极主动地投入活动。安排一节课的教学内容，还要注意合理搭配主要教学内容和辅助教学内容，要抓住二者的内在联系而进行合理的组织与高效的安排，以促进课堂教学效率的提升。

在小学体育教学中，体育教师也要善于抓住小学生的身心特点而对教学组织方法进行灵活运用，教学组织形式要有新意，要能激发学生的好奇心与学习兴趣，要灵活，也要有实效，生动活泼、丰富多彩的教学形式更容易使学生产生新鲜感和强烈的兴趣，从而使学生以积极的态度和高度的热情参与到课堂教学活动中。为调动学生的学习兴趣，体育教师应将开放式教学、情境教学、放松教学等新兴教学方式运用于体育课堂中，一般来说，开放式教学适合用于课的准备部分；情境教学适合用于课的基本部分，放松教学适合用于课的结束部分。

（二）合理安排教学过程，做好教学常规管理

体育课堂教学的顺利开展与规范落实离不开体育课堂常规的约束和保

障。体育课堂常规管理是体育课堂教学管理的重要内容，体育教师要在遵循课堂常规的基础上对教学过程进行合理组织与管控。体育课堂教学中，从布置场地器材，集合整理队形、正式上课，到最后收拾器材等都必须遵守课堂常规，学生在课堂上的服装穿着、纪律表现、学习行为也要符合基本守则和常规要求。体育教师对学生在课堂上言行的要求应严格一些，同时体育教师自己也要以身作则，规范自己的言行举止，自觉遵守教学要求，给学生树立良好的榜样。

在小学体育课堂教学中，体育教师要合理安排一节课的教学结构，把握整个教学过程，使课堂教学有序进行，提高课堂教学效率和效果。一般来说，可以将一节体育课划分为准备部分、基本部分以及结束部分三个部分，不同阶段的教学内容不同，要根据学生的情绪变化和心理素质而对各阶段的教学内容、教学方式等进行合理安排，使学生在各个阶段都能保持积极活跃的学习态度。有些体育教师在课的开始部分从严要求，但到课的后半部分就放松要求，导致整堂课虎头蛇尾，效率低下。

为了顺利开展体育课堂教学活动，提高课堂教学效率，在课前体育教师不仅要备好课，还要提前将教学场地和上课要用的器材布置与准备好。在课的开始部分，要通过有趣的热身练习来调动学生的积极性，稳定学生的情绪，激发学生对接下来要学习的技术动作的好奇心，使其产生新鲜感和正确的学习动机。在体育课的基本部分，体育教师要重点抓好这个教学环节，将讲解与示范结合起来，并让学生多练习，多交流，采用分组练习、小组比赛的方式来调动学生练习的积极性。最后结束部分的教学安排同样也很重要，体育教师可安排一些放松身心的小负荷练习方法，使学生缓解疲劳，平复心情，精心总结，并认真听教师布置课后作业，了解下次课的教学内容以及自己要做的准备。

（三）同一教材与不同教材的组织教学各有侧重

1.同一教材的组织教学

同一教材内容有时需要几次课才能教完，在不同的课时传授同一教材内容，内容难度、教学要求等是有区别的。例如，给三年级的学生传授投掷技术，第一次课的任务是让学生了解投掷运动的基本知识及投掷方法；第二次课的任务是让学生对投掷方法有初步的掌握；第三次课则是让学生通过反复练习而熟练掌握投掷技术。在重复练习中，不断增加练习难度。因为每次课的教学任务、难度要求不同，所以对教学组织方式也提出了不同的要求，如果体育教师反复使用一种组织方式进行教学，必然会引起学生的厌烦感，分散学生的注意力，影响学生学习的积极性。因此，在同一教材的组织教学中，教师要根据教学任务、内容难度及教学要求而调整教学组织方式，以激发学生的兴趣，吸引学生的注意，使学生经过系统的学习和反复的练习而熟练掌握教材内容。

2.不同教材的组织教学

小学体育教材内容包括田径、武术、球类、体操等，教材内容丰富多样，不同内容的特性不同，这就要求体育教师根据对不同教材特点的正确理解与把握而合理安排各个教材的内容，并对各个教材的潜力进行挖掘，根据教材特点而选择教学组织形式，打破传统单一的教学模式，通过教学组织形式的创新而提升学生学习的积极主动性，促进学生能动性与创造性的发挥，最终促进教学效果的提升。

总而言之，小学体育教学活动的组织要贯彻因地制宜、因材施教的原则，要从学校的教学条件、小学生的身心特点及学习基础出发而对教学组织形式、教学方法、教学内容、教学过程进行合理安排与改革创新，从而有效实施体育教学活动，提高教学效果，提升教学水平，促进教学目标的顺利实现，并为学生进入中学体育学习打好基础。

第二节　科学营养与膳食保障

一、小学体育教学与科学营养

（一）学生的营养问题

营养和体育运动都是促进和维持人体健康的重要因素。营养素是构成和修补组织器官的原料，是调节器官功能的主要物质。而体育运动可以促进组织器官的发育及其功能的改进。如果只注意营养而忽视体育锻炼，其结果就会是肌肉松弛、肥胖无力；如果只进行体育锻炼而缺乏营养，身体就会因消耗过多而有损健康，因此两者是不可偏废的。

对小学生而言，营养问题尤为重要，因为小学生正处于生长发育期，需要以营养为物质基础。然而，目前我国小学生存在许多营养问题，主要表现在以下几方面：

（1）学生及家长普遍不了解营养知识。

（2）忽视早餐。早餐对于学生来说是非常重要的，因为上午是学习任务最繁重且集中的时间，需消耗大量能量。然而小学生忽视早餐的情况十分普遍。不吃早餐会使学生学习能力下降，注意力不集中，记忆力下降。

（3）饮食行为不当。挑食、偏食、暴饮暴食、吃太多冷饮、饮用含糖饮料等是造成学生营养不良的主要原因。许多学生缺钙、缺锌等都与饮食行为不当有直接关系。

（二）学生营养补充要点

营养是保证人体正常生长发育、身体健康与增强体质的重要因素，营养不当不仅影响生长发育，降低学习能力，而且使人衰弱，容易患各种疾病。小学生参加体育运动尤其要注意营养，合理的营养安排可有助于促进运动疲劳的恢复，提高睡眠质量，保持旺盛的精力；参加运动如果不注意营养搭配和补充则易造成机体过度消耗，导致营养素缺乏而营养不良，精神不振等。小学生的营养补充要注意以下几个要点：

（1）要保证早餐质量，合搭配奶、豆制品或蛋、少量肉制品和谷类、蔬菜及含糖食物，最好再补充一些水果。

（2）合理安排运动，至少一周3次，每次运动不少于30分钟，以中等运动负荷为主，注重培养体育兴趣。

（3）运动后多吃碱性食物，如蔬菜、水果，不要喝可乐、茶、咖啡、有色素化学饮料等。

（4）不挑食，多吃蔬菜、杂粮、鱼、海产品、豆制品和脱脂奶类，饭后可以吃含维生素C的水果。

（三）体育教学建议

小学生处于生长发育的关键期，合理的营养是促进小学生生长发育的有效保证，体育教师在教学中应注意以下几点：

（1）加强对营养知识的宣传，将健康教育融入体育课堂教学中。

（2）配合家长及其他科目教师共同关注学生的营养，合理安排体育教学和运动量。

二、小学体育教学与合理膳食

（一）膳食与运动

小学生的用餐和运动具有一定的随意性和盲目性，有的学生刚吃完饭就立即运动或运动后立刻进食，也有的学生边吃饭边运动，这样对身体健康很不利。

进食后大量的食物堆积在胃肠内，消化食物要靠胃肠道的蠕动和消化液的分泌增多来完成，此时副交感神经正处在兴奋状态，调节消化系统的工作，使消化器官的血管大量开放，血量增多，以输出充足的氧气和养料，来适应消化系统正常工作的需要，使食物更好地被消化和吸收。如果饭后立即进行运动，就会使交感神经兴奋，心跳加快，肌肉中的血管大量开放，以输送较多的氧气和养料供运动器官所急需，这就影响了消化系统的工作，从而影响食物消化和吸收，使食物在胃内停留过长时间，导致食物发酵、产生胃酸现象，长期下去可能引起胃病。

剧烈运动后也不能立即就餐。科学研究表明，对小学生来说，一般饭后半小时才能进行轻微的体育运动，饭后1小时以上才能进行剧烈运动。如果学生平时缺乏体育锻炼或体质较弱，饭后与运动之间的间隔时间还应更长一些。运动结束后，至少间隔半小时再进食，在大运动量后至少间隔40分钟再进食。

（二）体育教学建议

体育教学时间要避开午餐前或午餐后（时间间隔适宜），在体育教学中要注意以下几点：

（1）加强对学生的健康教育、营养教育和运动卫生教育。

（2）避免学生空腹或进食后立即进行体育运动，课上严禁就餐、吃零食，避免意外事故。

（3）课后叮嘱学生不能立即就餐。

（4）提醒学生在体育课上自备饮水，禁止学生携带不健康饮料，学生在短时间运动中或运动后感到口渴，主要是口腔和咽部黏膜水分蒸发，唾液分泌物减少引起，或者由于心理紧张造成，这时不必大量补充水分，可指导学生用水漱口或少量饮水。

（5）如果体育课上运动强度较大、时间较长，教师应注意教育和指导学生正确的补水方法：多次少量补水，在感到口渴之前就补水，如果条件允许还可以在水中加些糖、盐（浓度要低），以补充体内消耗的糖和无机盐等。

第三节　运动安全与卫生保障

一、小学体育教学的运动安全保障

（一）体育课堂安全

体育课堂教学的安全既需要体育教师的安全管理，也需要学生提高警惕。下面从体育教师和学生两方面来讨论如何保障体育课堂的安全。

1. 体育教师方面

（1）注重常规教育，消除安全隐患

第一，在体育课堂教学中，体育教师要向学生详细讲解课程内容，并准确示范技术动作，做关于自我保护的技能演示。

第二，正式上课前，先对学生的衣着进行检查，不允许穿着不当的学生做不恰当的体育动作，为穿着不当的学生安排其他活动内容，以防受伤。

第三，克服麻痹大意的思想，加强以预防为主的体育课堂安全教育，平时多宣传体育保健知识，普及运动防护知识，促进学生自我保健思想与能力的提升，使学生自觉遵守相关安全要求与规定。

（2）预防运动伤害

第一，体育课堂教学中，尤其是实践课上，学生要做大量的身体练习，很容易发生运动伤害，而在正式上课前做必要的热身练习有助于预防运动伤害。所以体育课上准备部分的教学安排很重要，体育教师应在准备部分带领学生做一些热身练习，尤其是要锻炼运动较多的部位的力量和柔韧性。

第二，为预防运动伤害，体育教师要从学生的身心特征、健康状况及运动水平出发而合理安排难度适宜的教学内容，对容易发生运动伤害的技术动作适当进行简化处理，并在示范和指导时不断强调安全。

第三，体育教师还需要提前熟悉哪些内容可能会造成学生的运动损伤，并提前设计好预防措施。但有些安全隐患不能百分百消除，学生在课上可能会因为各种各样的原因而受伤，因此体育教师必须熟悉常见运动损伤的应急处理方法，以便及时处理损伤，减小伤害。

第四，运动负荷不合理也容易造成运动伤害，因此要合理安排体育课上的运动负荷，运动量和运动强度都应该符合学生的实际水平，尤其要避免因局部负荷过大而引起局部损伤。

第五，对于难度较大的动作，要从分解练习过渡到完整练习，循序渐进掌握完整动作，并适当简化动作，确保安全。

第六，在体育课堂教学的结束部分，带领学生做整理活动，放松身心，缓解疲劳。

（3）多观察，严要求

第一，体育教师要严密组织课堂教学活动，严格提出纪律要求，仔细观察学生在课堂上的表现，及时发现异常，并迅速处理异常情况，保证学生的安全。

第二，如果学生在练习中感到很疲惫，出汗非常多，脉搏异常，体育教师要及时调整运动负荷，使学生慢慢恢复运动前的状态，避免因过度疲劳而造成运动伤害。

第三，在体操等项目的教学中，体育教师要做好必要的保护工作，并在学生练习时提供帮助，缓解学生的害怕心理，使学生放心练习，避免学生因过度紧张而出现失误，引起损伤。

第四，有些体育活动危险性较大，体育教师必须加强临场监督与控制，严格监管，全力保护学生的安全。

（4）加强保健指导

体育教师要加强保健指导，了解学生的健康状况，对患有疾病的学生，要特别注意加强医学观察，禁止患有疾病或身体不适的学生参加剧烈运动，指导学生做好自我保健工作，必要时要请专业医生在教学现场进行医务检查和监督。

2.学生方面

（1）穿适合运动的服装和鞋袜

学生上体育课要穿尺码合适、鞋面柔软、有防滑和减震功能的运动鞋，穿宽松舒适、吸汗的衣服，注意天气变化。

（2）做好准备活动

学生在体育课上要做好准备活动，适当多做一些力量性、伸展性练习，准备活动内容与运动项目内容要有关系。

（3）加强易伤部位的练习

循序渐进地加强易伤部位或相对较弱部位的锻炼，提高这些部位的功能。同时，针对常见损伤部位及常见损伤类型而加强相应部位的锻炼。例如，为防止髌骨劳损，采用"站桩"练习法，增强股四头肌和髌骨功能；为预防股后肌群拉伤，要加强股后肌群的力量和伸展性练习等；为预防腰部损伤，除加强腰背肌锻炼和腹肌力量锻炼，防止脊柱过伸而造成腰部损伤。[①]

（4）加强自我保护

在器械体操练习中，保护十分重要，器械体操动作复杂多变，空中动作较多，很容易发生技术错误或失手跌下，特别是学习新动作时，必须有人保护和帮助。每个学生都应该掌握自我保护的方法。例如，身体失去平衡时，要立即向前或后跨出一步，以保持身体平衡；从高处跳下时，用前脚掌先着地后屈膝，以增强缓冲作用；落地时若重心不稳，首先要保持冷静再迅速低头屈肘团身，用肩背着地并顺势作滚翻动作，以消减地面强大的反作用力，切忌直臂撑地和强行停止，否则会造成上肢或肩部损伤。

---

① 沈洪.学生体育运动安全手册 教师用书[M].上海：华东师范大学出版社，2019.

（二）体育教学建议与安全监管

体育学科教学和文化学科教学相比是非常特殊的，体育课上容易发生运动损伤一定程度上是由体育本身的性质与特征所决定的。鉴于体育教学易发生运动损伤的特点，在体育课堂上更要加强安全管理。在体育教学中应该做到下列几点要求：

1. 教师做好安全宣传

向学生普及安全知识是体育教师的责任和义务。课前应让学生了解体育课堂教学常规，并叮嘱学生在课堂上严格遵守，引导学生树立"安全第一""健康第一"的思想。

2. 课堂组织科学而严密

体育课堂教学中，既要有准备活动，也要有整理活动，这是预防运动损伤的有效措施。除了准备部分和结束部分要做必要的热身和放松练习外，基本部分的教学是一节课的重点，在这个过程中体育教师要对学生的练习情况严密观察，及时发现学生的不良反应，通过学生的身心反应来判断学生对运动负荷的适应性，及时调整负荷。在体操、游泳等项目的教学中尤其要加强保护。

3. 学校加强安全管理

（1）学校有关部门对体育教学场地、器材及其他相关设施要定期检查，及时更换不合格和破损严重的设施。

（2）建立学校体育安全管理制度，对课内外发生的运动安全事故及时处理，减少伤害，为学生顺利上体育课及在课后参加体育活动提供安全保障。此外，还要建立配套的医疗保健制度，为师生安全多提供一份保障。

（3）对体育教学中的相关责任要明确落实，做到"责任到人"。

（4）学校有关部门加强校园体育活动风险管理，采取有效的措施而预防风险，风险发生后及时应对，减少损伤。校园体育活动风险管理模式及程序如图3-7所示。

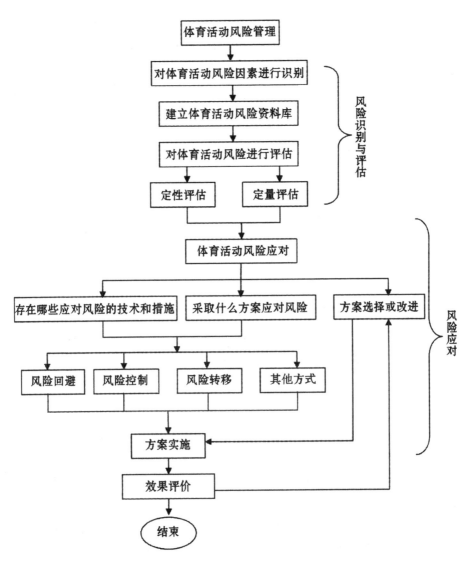

图3-7 体育活动风险管理程序①

总之，体育教学中发生运动伤害事故可能是多方面的原因，所以不管是学校方面，还是体育教师和学生方面，都要提高安全意识，遵守相关规定，

① 刘红.高校体育风险管理研究[M].北京：北京体育大学出版社，2012.

做好安全防护，相互配合，共同努力克服风险，防止运动伤害事故的发生。一旦发生安全事故，不管是哪方面的原因，都要追究相关人员的责任，吸取教训，避免下次发生同样的事故。学校各方面都有责任共同营造安全的校园体育氛围，促进学校体育的可持续健康发展，培养学生的健康体质和综合素质，促进学生健康成长与全面发展。

二、小学体育教学的运动卫生保障

（一）小学生运动的卫生要求

1.遵循年龄阶段特点

小学体育教学中，结合小学生的生长发育规律，以促进身体和智力的健康发育为主，在促进身体全面发展的基础上加强身体姿态教育。

2.符合生长发育规律

小学生的运动强度、运动量、运动时间、运动方式等要符合生长发育规律，具体要求如下。

（1）持续运动时间不宜过长，保持适当的运动量，避免长时间的负重与站立。由于肌肉发育不均衡，因此要注意多锻炼小块肌肉，并提高肌肉的协调性和灵敏性。

（2）注意锻炼脊柱，避免脊柱和胸廓畸形，小学生根据自己的身体特点选择适宜的运动器材。

（3）培养正确的身体活动姿势。

（4）以发展有氧能力为主，运动强度适当。

3.内容和形式多样化

小学生活泼好动，兴奋性强，注意力不易集中，如果运动内容和形式单一，会使他们产生疲劳和厌倦的情绪，不利于身体全面健康发展。因此，要经常变换运动内容与形式，尽量做到多样化。

4.保持良好的运动卫生习惯

运动卫生是良好运动的开始，将体育教育和卫生教育结合起来，在培养小学生身体素质的同时，培养其良好的个人和公共卫生习惯，在运动期间保证充足的休息和优质的睡眠，保持良好的生活作息。

（二）青春期女生的运动卫生

月经是青春期女生的一个重要生理变化，小学高年级女生在运动中会面临月经的困扰，在月经期不知如何运动，很容易因为运动方式不当而损害健康。而且在月经初潮的前两年，月经周期还不是特别准确，因此女生很难预测什么时候可以参加运动，什么时候不可以参加运动。其实女生在月经期并不是完全不能运动，可以适当运动，做一些轻松的、强度小的运动，适当运动对健康很有帮助。如果女生月经规律，月经期生理反应较小，能保持良好的状态，那么可以循序渐进增加运动负荷，但要保持一定的度，不能像平时一样做大强度运动。

对女生而言，体育运动对健康非常有益，但在月经期要根据身心的特殊变化而适当运动，更要注意预防运动伤害的发生。月经期有些运动是坚决不能做的，如剧烈跑跳、仰卧起坐等。在月经期参加体育活动，要特别注意补充营养与充分休息，营养补充的量比平时多一些，睡眠时间也要比平时多一些。青春期女生初来月经，心理上也会有一些变化，需要一段时间来适应，而在适应期中，女生上体育课往往会有害羞的心理，所以建议小学高年级在体育课上采取分组教学的组织方式，为男生组和女生组安排相应的教学内容，为月经期女生安排特殊活动内容，适当降低要求。

第四节　运动损伤的预防与处理

一、运动损伤概述

（一）运动损伤的概念与分类

运动损伤是指体育运动过程中发生的各种直接或间接的损伤。

运动损伤包括急性损伤和慢性损伤。

急性运动损伤是指在体育运动中一瞬间遭受直接暴力或间接暴力而造成的损伤，伤后症状迅速出现，病程比较短。

慢性运动损伤是指因为局部运动负荷安排不妥当，长期负担过重超出了组织的承受能力，局部过度疲劳而导致损伤，症状出现缓慢，病程比较长。

（二）运动损伤产生的常见原因

小学体育教学中发生运动损伤的常见原因有以下几个方面：

1. 场地器材方面

学校体育教学活动的开展离不开必要的体育场地与器材等设施条件，学校体育实践课大都是在学校的体育馆或运动场上进行的，如果学校的体育教学场地设施存在安全隐患，就会增加学生受伤的概率。例如，运动场地上有障碍物，体育器材不符合安全标准等，都可能造成伤害事件发生。

2.思想方面

小学生普遍活泼好动，部分学生遇事比较冒失，做事较为盲目，而且急于求成，在体育课上盲目效仿高年级同学做一些比较危险的体育动作，不量力而行，思想上缺乏安全意识，也缺乏必要的自我保护能力，所以很容易发生运动伤害事故。

3.运动技能方面

体育教学内容如果是新内容，体育教师一般会先讲解示范，如果学生不注意听讲，不认真观察教师的示范，就不能准确掌握动作，在练习时动作不规范或错误，而如果没有及时发现问题，没有纠错和改正，一直练习错误的动作，长期下去必然会引发运动损伤。尤其是在足球、篮球等存在激烈对抗的项目中，如果学生掌握不好技术动作，运动伤害出现的概率就会提升。

4.组织纪律方面

不管是什么科目的教学，学生都要遵守基本课堂纪律，体育课存在一定的风险性，学生更应该遵守纪律，在穿着、活动等各方面都要遵守规定，如果参加课堂体育游戏或小型体育比赛，还要遵守游戏规则或比赛规则。如果无视规则和纪律，将面临受伤的危险。

5.心理方面

小学生在体育课上发生运动损伤有时也与其自身心理素质有关。如果小学生在心情低落、身体不好的情况下参加体育活动，就可能因反应不灵敏、注意力分散、害怕、紧张等原因而发生损伤。

6.其他方面

体育课上的风险有的可以提前预测，有的是突如其来的，体育实践课如果在户外进行，就更增加了预测风险的难度，由于无法全面而准确地进行风险预测，所以一旦发生意外，就很难应对，从而造成严重的伤害。

（三）运动损伤的分布

1.不同运动项目的常见损伤部位

小学体育教学中，常见运动项目的易受伤部位见表3-1。

表3-1　不同运动项目的常见损伤部位①

部位	运动项目	田径	体操、健美操	足球	篮球	排球	乒乓球	羽毛球	网球	武术	游泳
头颈部	头部	★		★★	★			★	★		★★
	颈部	★		★★	★			★	★		★
躯干	胸部	★		★		★					
	腹部										
	背部	★	★★★	★	★	★	★★	★★	★★★	★★★	
	腰部	★★★★	★★★	★★★★	★★★★	★★★★	★★★★	★★★	★★★	★★★★	★★
上肢	肩部	★	★	★★★★	★★	★★★	★★	★★	★★	★★★★	★
	肘部	★	★★	★★	★	★	★	★	★★	★	
	腕部	★	★★	★	★	★	★	★	★	★★	
	手			★★	★	★	★	★	★	★	
下肢	髋	★									
	大腿	★★★		★★	★	★	★	★★	★	★★	
	膝部	★★★	★	★★★★	★★★★	★★★	★★	★★	★★	★★★	★
	小腿	★★★		★★	★★★★	★★★	★	★★	★	★	★★
	踝部	★★★★	★★	★★★	★			★★	★	★★	★
	足	★★★★	★★	★★	★★★	★	★	★★	★	★★	★
	跟腱	★★★★	★	★★						★	

① 沈洪.学生体育运动安全手册 教师用书[M].上海：华东师范大学出版社，2019.

2. 常见运动损伤在人体的分布

图3-8和图3-9反映了常见运动伤病在人体部位的分布及在运动项目中的分布。

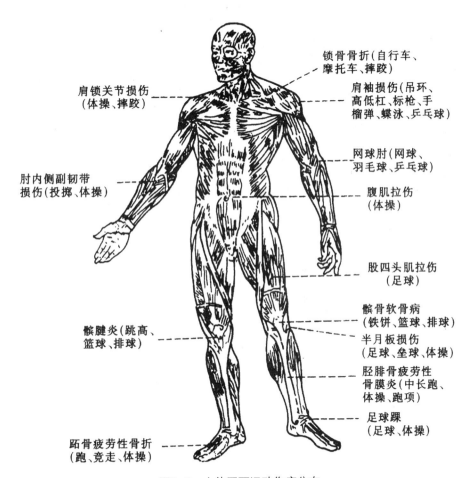

图3-8　人体正面运动伤病分布

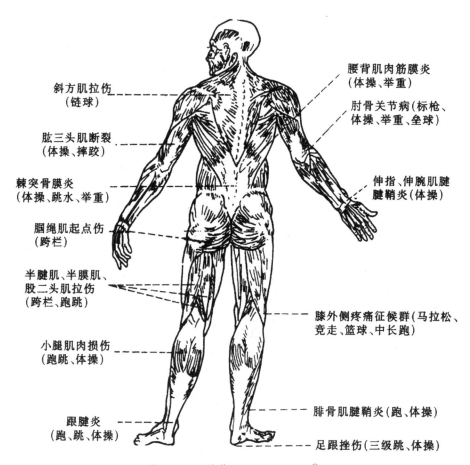

斜方肌拉伤
（链球）

肱三头肌断裂
（体操、摔跤）

棘突骨膜炎
（体操、跳水、举重）

腘绳肌起点伤
（跨栏）

半腱肌、半膜肌、
股二头肌拉伤
（跨栏、跑跳）

小腿肌肉损伤
（跑跳、体操）

跟腱炎
（跑、跳、体操）

腰背肌肉筋膜炎
（体操、举重）

肘骨关节病(标枪、
体操、举重、垒球)

伸指、伸腕肌腱
腱鞘炎(体操)

膝外侧疼痛征候群(马拉松、
竞走、篮球、中长跑)

腓骨肌腱鞘炎(跑、体操)

足跟挫伤(三级跳、体操)

图3-9   人体背面运动伤病分布[①]

————————————

[①] 黄涛.运动损伤的治疗与康复[M].北京：北京体育大学出版社，2010.

二、小学体育教学中常见运动损伤与防治

（一）擦伤

1.症状

学生在体育课上因各种原因而不小心摔倒时可能会擦伤皮肤。受伤部位有明显的擦伤痕迹，可能会出血或表层皮肤脱落。身体很多部位都可能擦身，暴露在外的部位擦伤后的症状可能会更严重一些。

2.主要原因

（1）热身准备不充分。

（2）动作不规范，忽视必要的保护。

（3）场地不平坦，器材破损。

3.应急处理

（1）如果症状较轻，则先清洗擦伤部位，然后进行消毒处理，不需要包扎伤区。

（2）如果症状比较严重，伴随感染，而且伤口处有异物（沙子等），应送往医院由专业人员进行紧急处理。必要时需打破伤风抗毒素。

（3）如果擦伤部位恰好是面部，要特别预防感染，要第一时间进行处理，以免留疤。不要将创可贴贴在伤口处，否则会导致发炎。

4.预防措施

（1）课前检查运动场地、运动装备是否安全。

（2）学生做好热身活动。

（3）提高学生的安全意识和自我保护能力。

（二）扭伤

1.症状

扭伤多发生在腰部、手腕部、颈部等部位或活动较多的关节处。主要症状为扭伤部位皮肤红肿，局部疼痛、肿胀，关节无法自由活动。

2.主要原因

（1）未做充分的准备活动。

（2）注意力分散，运动剧烈。

（3）体质差，技术不规范。

3.应急处理

（1）颈部、腰部扭伤后，平躺在地上，教师仔细观察症状，并由学校医务人员来处理。

（2）关节部位扭伤后，受伤部位抬高，用冷水冲或浸泡，再加压包扎，以免受伤部位肿胀。

（3）伤后1—2天内进行热敷处理，配合适当的医学按摩。

4.预防措施

（1）重视准备活动，加强易伤部位的体能锻炼，尤其是肌肉力量锻炼和关节柔韧锻炼。

（2）教师加强安全监管，提醒学生注意安全。

（3）引导学生形成正确的动力定型，逐步提升学生的运动技能水平，以免因技术动作错误或失误而造成运动损伤。

（三）晕厥

1.症状

晕厥多发生在室外体育教学中。炎热的夏季上体育课，学生很容易发生晕厥。晕厥其实是有征兆的，学生在晕厥前的身体征兆表现为脸色苍白，头晕恶心，身体乏力；晕厥后，丧失意识，手脚出汗，脉搏减慢。昏厥持续时间较短。

2.主要原因

（1）学生在饥饿状态下运动，容易因低血糖而造成晕厥。

（2）学生快速跑完较长距离后，没有经过慢跑和走路的过渡就立刻停下来，从而因脑供血不足而晕倒。

3.应急处理

（1）患者保持平躺姿势，让围观的学生分散开，为患者营造空气流通和安静的环境。

（2）将患者下肢抬高，将其衣领解开，将腰带放松，必要时点指人中等穴位。

（3）患者清醒后，摄入糖水、巧克力等食物，以补充能量。

（4）症状缓解后，患者以休息为主。

4.预防措施

（1）切忌在空腹状态下上体育课。

（2）练习时轻缓改变体位，不要剧烈变化体位。

（3）长距离跑后不要立刻休息，先慢跑一段或走一会，深呼吸，逐渐恢复正常心率。

（四）肌肉拉伤

1.症状

轻度拉伤：局部疼痛、肿胀、瘀血，用力时疼痛加剧。

中度拉伤：上述症状程度更重。

2.主要原因

（1）缺乏充分的准备活动。

（2）动作不协调或用力过猛。

（3）运动过量。

（4）场地太硬、气温过低等。

3.应急处理

（1）轻度拉伤：视伤情降低运动强度，适度按摩、静态拉伸。

（2）中度拉伤：停止练习，冷敷、包扎拉伤部位，伤肢抬高，以免肿胀。1—2天后外贴消肿胀膏药，热敷或适当按摩。

4.预防

（1）学生循序渐进地练习，不能用力过猛，在准备阶段多进行肌肉力量练习和关节拉伸练习。

（2）合理安排运动负荷。

第四章 小学田径类运动方法的设计与教学指导

　　各类田径运动项目是国家要求的小学体育教学中必备的内容，能够发展学生的跑、跳、投掷等基础运动能力，在增强学生体质、帮助学生树立终身体育思想的同时，还能够为学生发展其他各类运动项目奠定基础。本章将对小学田径类运动方法的设计与教学指导进行研究和阐述，具体内容包括跑类项目运动方法与指导、跳跃类项目运动方法与指导、投掷类项目运动方法与指导。

第一节　跑类项目运动方法与指导

一、短跑项目运动方法与指导

（一）运动方法

1.短跑中的起跑技术

（1）站立式起跑

①技术过程

两只脚一前一后分开站立，两脚之间的距离在一只脚到一只半脚左右；

两腿屈膝下蹲，身体前倾，重心下降并前移；

前腿一侧的胳膊屈肘向前置于体侧前方，后腿一侧的胳膊屈肘向前置于体侧后方；

裁判在发出开跑指令之后，两脚用力蹬地，迅速冲出。

②技术重点

起跑前注意身体重心的前移。

③技术难点

起跑时迅速起动。

（2）蹲踞式起跑

①起跑器的安装

以普通式起跑器安装为例：

前起跑器安装在距离起跑线40—45厘米处，后起跑器安装在距离前起跑器40—45厘米处；

前起跑器支撑面和地面形成40°—45°的夹角，后起跑器和地面形成70°—80°的夹角；

两个起跑器中轴线之间的距离大约为15厘米。

②技术过程

听到"各就位"口令之后：深呼吸2—3次，走上起跑器，两脚分别放置在起跑器的两只抵足板上，后膝跪地；双臂伸直，双手沿起跑线撑地，四指并拢和大拇指形成八字形，两手之间的距离大于肩宽；肩膀的位置和起跑线平行；两眼的视线向前落在40—50厘米处；集中注意力听下一个指令。

听到"预备"口令之后：深吸一口气，做提臀动作，将臀部抬高到与肩膀平齐或者高于肩膀的位置；肩膀前移超过起跑线，重心前倾，身体的力量主要落在两臂和前腿上；保持身体姿势的稳定，集中注意力听下一个指令。

听到起跑指令之后：两手迅速推离地面，两臂屈肘用力前后摆动；两脚迅速用力蹬起跑器，使身体向前上方运动；前腿迅速用力蹬地，伸髋、膝、踝三个关节。

2.起跑之后的加速跑技术

起跑后的加速跑指的是从后腿蹬离起跑器到途中跑中间的一个阶段。其具体技术如下：

后腿蹬离起跑器之后做前摆动作，然后迅速落到地面；

第一步的着地应该尽量靠近身体重心投影点，脚着地后迅速转入后蹬；

前脚在蹬离起跑器之后，也迅速屈膝向前摆动；

刚开始时的几步，两条腿的状态为各自沿着两条距离不宽的直线前进，但是后面迅速转为两腿沿着一条中线、分别置于一条中线的两侧的状态；

加速跑大约需要跑25—30米的距离。

3.途中跑技术

途中跑的技术包含腾空阶段的技术和着地缓冲阶段的技术两种。

（1）腾空阶段

蹬地后，大腿用力摆动带动小腿向大腿处靠拢，两腿形成向前的折叠姿势；

摆动腿以髋关节为轴，用大腿的力量带动整条腿向下压；

膝关节放松，小腿在大腿的带动之下自然下压准备着地。

（2）着地缓冲阶段

着地腿积极下压着地；

同时头部保持正直状态，上半身稍微向前倾斜；

两臂前后轻快摆动。

4.弯道跑技术

（1）跑道由直道转为弯道时，身体应该迅速稍微向跑道内侧倾斜，同时应该将右腿的蹬地力道增大，并加大其摆动幅度；

（2）在弯道跑的过程中，身体的倾斜方向和圆心位置一致；右腿后蹬发力时，发力点为右脚前脚掌的内侧，左腿后蹬发力时，发力点为左脚前脚掌的外侧。

5.终点跑技术

（1）在距离终点线15—20米处开始进入终点跑状态；

（2）身体尽量前倾，身体重心前移；

（3）加快两臂摆动的频率，加大两臂摆动的力量；

（4）到达终点线前一步时，身体用力前倾，用肩部或者胸部顶向终点线并快速前冲，之后逐渐停止步伐。

（二）教学指导

1.技术讲解

（1）短跑项目是一项对技术要求不算高的运动项目，教师在讲解时应该尽量做到简明扼要，重点突出，要让学生了解到步速和步频是提高短跑速度的关键因素。

（2）教师应该结合小学生的身心发展特点进行动作示范，示范时要注意每次示范的内容不能太多，要保证示范动作的准确性，尽量提高动作示范的趣味性和吸引力。

2.直道跑技术教学

（1）应该把对学生正确跑步姿势的培养放在第一位，通过反复练习使学生将每个姿势做到位，并形成舒展协调、自然放松的跑步姿态。

（2）跑步姿势训练结束之后，可以通过延长跑步距离或者提高跑步速度的方式对学生进行练习，教学的形式可以有练习法、比赛法、追逐跑、计时跑等。

（3）在学生练习的过程中，教师应该对学生的动作、姿势进行密切观察，及时纠正学生的错误；也可以由学生相互观察、相互纠错来完成这一步的工作。

3. 起跑和加速跑技术教学

（1）加速跑开始之后的前几步能够影响整个加速跑的效果，其技术关键在于步长和动作的发挥。针对加速跑的这一技术特点，可以采用以下教学方式。

①推肩起跑练习。

②借助橡皮带等工具进行的阻力起跑练习。

③利用节拍引导的加快步频练习。

④在跑道上标记一定的步长，要求学生尽量将步子迈开到和标记步长相近长度的练习。

（2）在学生基本掌握起跑和加速跑技术之后，可以根据学生的个人特点适当调整起跑器的位置和抵足板的角度。

（3）在教学过程中重点向学生强调听指令的重要性，要求学生做到反应快、动作准、不抢动作等要求。

（4）教学应该分阶段循序渐进，一开始的教学重点应该放在动作教学和学生的动作练习上，保证学生基本掌握技术；之后可以采用比赛练习等方式，增加教学的趣味性。

4. 弯道跑技术教学

（1）要在学生掌握直道短跑技术之后再进行弯道跑技术教学，教学的重点是途中跑技术。

（2）要求学生分别用慢速、中速、快速三种速度进行弯道跑练习，使学生感受身体向内倾斜程度和跑步速度之间的关系。

（3）要向学生强调，弯道跑中身体的倾斜是从上到下整个身体向跑道内侧的倾斜，而不只是上半身向内倾斜。

（4）教师可以站在跑道外侧3—5米的位置对学生的跑步状况进行观察，这个位置能够保证教师可以观察到学生正面、背面、侧面三个角度的动作和姿势。

5.终点跑技术教学

（1）通过反复练习让学生感受撞向终点线的最佳时机。

（2）向学生强调在跑过终点线之后应该逐渐放慢步伐并停下，不能突然停止，否则容易受伤。

（3）在学生掌握终点跑技术之后应该进行全程跑练习，重点关注学生后半程技术的完成状况以及速度的下降状况，并通过反复练习使学生逐渐适应全程跑。

二、中长跑项目运动方法与指导

（一）运动方法

1.站立式起跑技术

（1）"各就位—预备"动作

两脚分开站立，一脚在前一脚在后，将身体的重心置于前脚；

双腿屈膝下蹲，上半身向前倾斜，头部和上半身保持一致，双眼看向前下方；

后腿一侧的手臂屈肘向前置于身体前方，前腿一侧的手臂自然后伸置于身体后方；

集中所有注意力听下一个指令。

（2）"跑"的动作

听到开跑指令时，后腿迅速用力蹬地接着立即做前摆动作，同时前腿伸直并做蹬地动作；

两臂配合双腿动作进行摆动，协助身体前进；

身体迅速冲出，并快速跑动。

2.途中跑技术

（1）上体动作

上体保持正直或者稍微向前倾斜的姿势；

头部和上体保持一致，成一条直线；

上半身各部位肌肉自然放松，双眼直视前方。

（2）臂部动作

双手做半握拳状，上下手臂从肘关节处弯曲成直角；

两臂以肩关节为轴做前后摆动动作，前摆动作的方向为稍微向内，后摆动作的方向为稍微向外；

上下手臂之间形成的夹角并非一直是直角，手臂前摆时的夹角会稍微缩小，手臂后摆时的夹角会稍微扩大；

弯道跑时手臂之间形成的夹角也会有所变化，并且左右手臂的变化不一致，右臂的变化规律是前摆时角度变大、后摆时角度变小，左臂的变化规律为前摆角度变小、后摆角度变大。

（3）腿部动作

①后蹬与前摆

在做后蹬动作时，髋关节、膝关节、踝关节依次用力蹬直，然后由脚掌发力过渡到脚趾发力，整个脚掌以此为顺序蹬离地面；

在做前摆动作时，由大腿发力带动整个腿部向前上方摆动，小腿自然下垂和大腿形成折叠姿势，并随时做好下压着地的准备。

②腾空

后蹬腿：蹬地发力使身体离地腾空，蹬地腿在离开地面之后肌肉短暂放松，然后迅速做前摆动作，由大腿发力带动小腿向前摆动，两腿之间形成折叠的姿势；

摆动腿：大腿发力做下压动作，带动小腿向后摆动，然后自然下落着地。

③着地

膝关节和踝关节在落地时应该保持弯曲状态，以起到缓冲作用；

注意用前脚掌着地，应该保持落地动作的弹性；

脚掌应该落在距离身体重心投影点比较近的地方。

3. 弯道跑技术

（1）入弯道的技术

进入弯道时，身体从上往下整体自然向跑道内侧倾斜；

加大右腿的蹬地力量和右腿的摆动幅度；

右臂的摆动力量和摆动幅度也随之加大。

（2）弯道跑的技术

身体整体向跑道内侧的圆心倾斜，右肩在上，左肩在下，倾斜程度随着跑步速度的加快而增大；

右脚蹬地的发力点为前脚掌的内侧，左脚蹬地的发力点为前脚掌的外侧；

摆动腿做前摆动作时，膝关节略微向跑道内侧的圆心方向偏指；

右臂做前摆动作时，手部稍微偏向左前方，做后摆动作时，肘部稍微偏向右后方，并且摆动的幅度要大于左臂做摆动动作时的幅度；

左臂做摆动动作时，靠近体侧前后摆动。

（3）出弯道的技术

在弯道跑即将结束的几米，逐渐降低身体的倾斜程度；

减小右腿的蹬地力度和摆动幅度，和左腿保持平衡；

减小右臂的摆动力量和摆动幅度，和左臂保持平衡；

随着惯性继续跑2—3米的距离，然后自然转为直道跑。

（二）教学指导

1.站立式起跑技术教学

（1）行进起跑练习

练习方式：学生保持行进状态；上半身稍微前倾，头部稍微向下低；教师发出指令后学生迅速蹬地开跑。

练习要求：学生需要集中全部注意力听从教师的指令；听到口令后学生要迅速反应，快速蹬地冲出。

（2）小组练习

①练习方式：学生在起跑线后做站立式起跑"各就位"口令的起跑预备姿势练习。

练习要求：两脚以正确的姿势放置在正确的位置；保持身体姿势的稳定。

②练习方式：要求学生以组为单位在起跑线后站好，并做出正确的准备姿势；教师发出指令之后学生迅速起跑，做起跑练习，练习的距离为3—5米。

练习要求：做好蹬腿、摆腿、摆臂动作。

③练习方式：要求学生以组为单位，在起跑线后面站好，并做好准备姿势；教师发出指令后，学生迅速开跑做站立式起跑以及起跑之后的加速跑练习，练习的距离为30—80米。

练习要求：起跑之后要注意不断加快跑步的速度。

2.途中跑技术教学

（1）原地摆臂练习

练习形式：两脚一前一后分开站立；前腿从膝关节处微微弯曲；上半身稍微向前倾斜，身体重心前移；两臂从肘关节处弯曲形成直角，做前后摆动练习。

练习要求：以肩关节为轴做双臂摆动练习，肩部肌肉自然放松；注意摆臂的幅度和力量。

（2）弹性跑练习

练习方式：以轻快的抬腿、落地动作进行弹力跑练习；练习的距离为40—60米；注重大腿下压动作和脚掌着地动作的练习。

练习要求：灵活使用踝关节，发挥其在蹬地中的作用；脚掌离地的过程中，依次是后脚掌离地、前脚掌离地、脚趾离地，也就是说最后是由脚趾蹬离地面。

（3）匀速跑练习

练习方式：保持同一个速度进行跑步练习；练习时引导学生感受双臂动作和双腿动作；练习距离为60—80米。

练习要求：身体自然放松、协调舒展；注意使用正确的跑步姿势。

（4）变速跑练习

练习方式：例如"快速跑30米+慢速跑20米+快速跑20米+放松跑30米"等。

练习要求：提高在快、慢速跑之间进行切换的反应速度和切换能力；锻炼肌肉的紧张和放松能力。

3.弯道跑技术教学

（1）站立式起跑和加速跑练习

身体做好起跑准备姿势并保持稳定；

听到指令后迅速起跑，然后逐渐加速；

加速跑时，需要加大双腿蹬地的力量和摆动的幅度，同时要注意，身体向跑道内侧倾斜，右脚要用前脚掌内侧蹬地，左脚要用前脚掌外侧蹬地；

双臂的摆动频率和摆动幅度随着双腿的动作而加大，同时右臂的摆动幅度要比左臂的摆动幅度稍大。

（2）弯道变速跑练习

例如"20米快+30米慢+20米快+30米"等；引导学生感受练习跑步速度和身体倾斜程度之间的关系；锻炼学生在弯道中变换速度的反应能力。

（3）变跑道练习

分别要求学生在直径为10米、20米、30米的跑道上进行练习；让学生感受不同直径的跑道对跑步技术运用的影响；锻炼学生的变道能力。

三、接力跑项目运动方法与指导

（一）运动方法

1.起跑技术

（1）持棒起跑

接力跑中第一位负责传棒的人员需要用右手持棒起跑，起跑姿势为蹲踞式；做准备姿势时，手中接力棒的位置不能超过起跑线；具体起跑技术和短跑起跑技术相同。

起跑过程中，持棒的方式有三种，分别如下：

①用右手的食指握住接力棒的后半部分，大拇指和其他三根手指分开撑地；

②用右手的中指和无名指握住接力棒的后半部分，另外三指的状态

为：食指在前，大拇指和小拇指在后，形成一个三角形的形状，并以此姿势撑地。

③用右手后面三根手指，即中指、无名指、小拇指，握住接力棒的后半部分，然后大拇指和食指分开撑地。

（2）接棒起跑

当跑道为直道时，接棒人应该站在指定的接棒起跑位置，两脚一前一后分开站立，两腿自膝盖处弯曲，上半身稍微向前倾斜，身体重心前移；

当跑道为弯道时，接棒人所处的位置应该为跑道向外一侧，双腿前后分开站立，左腿在前，右手撑地以保持平衡，身体重心稍微右移，同时头部向左，集中精力关注持棒人，当持棒人达到指定位置时，接棒人立刻接过接力棒并迅速起跑。

2.传接棒技术

（1）上挑式

接棒手臂自然向后下方伸出，并与躯干之间形成40°—50°的夹角；虎口向下，掌心朝后，手指自然张开；传棒人从上方将接力棒快速递到接棒人的手中，接棒人迅速握住接力棒起跑。

优点：接棒人的手臂、手掌姿势以及传棒、接棒动作都非常自然，能以较快的速度完成传接棒任务。

缺点：接棒人接棒时一般只能握住接力棒的下半部分，非常容易发生掉棒意外，可能还需要中途换手持棒，容易影响跑步速度。

（2）下压式

接棒人的手臂向后下方伸出，与躯干之间形成大约50°—60°的夹角，手腕内旋，虎口朝后，掌心向上，手指自然张开，传棒人由上方将接力棒快速递到接棒人的手中。

优点：接棒人能够握住接力棒较长的一部分，不用担心中途掉棒等意外发生。

缺点：接棒人的手臂姿势比较紧张。

（3）混合式

分别按照"上挑式""下压式"再接着"上挑式""下压式"的顺序安排传接棒姿势和动作。

（二）教学指导

1.传接棒技术教学

（1）原地传接棒技术教学

①练习方式

两队横向列队，前后两名同学之间保持1.5米的距离，分别做起跑准备姿势，左脚在前、后脚在后，分开站立，传棒同学的右肩和接棒同学的左肩相对；

接棒同学在听到教师的指令之后，在原地做接棒时的手臂、手掌姿势和动作练习；

传棒同学在听到教师的指令之后，在原地做传棒练习。

②注意事项

练习的内容应该以"上挑式"和"下压式"传接棒技术为主；

要注意向学生强调动作的准确性；

注意训练学生集中注意力的能力和对指令的反应能力。

（2）行进间传接棒练习

①练习方式

要求学生分别在走步、慢跑、中速跑等行进活动中根据教师的信号做传接棒技术练习。

②注意事项

在刚开始教学练习的时候，应该尽量将身高和速度相近的同学安排在一起，这样有助于降低练习的难度；

向学生强调一定要将动作和姿势做到正确、标准。

2.4×400米接力跑技术教学

①练习方式

4×50米跑练习或者接力赛；

4×100米跑练习或者接力赛；

4人一队进行50—100米接力跑练习或者比赛。

②注意事项

进行练习或者比赛的各队同学之间的实力比较平衡；

可以通过缩短每次跑的距离的方式增加练习次数，以练习学生的传接棒技术，比如4×30米练习等，比较符合小学生的身心发展特点。

第二节 跳跃类项目运动方法与指导

一、双脚跳

（一）运动方法

（1）两脚左右开立，中间稍微分开一定距离；

（2）双腿自膝盖处稍微弯曲，两脚从脚跟处稍微踮起，双臂后举；

（3）两脚前掌用力蹬地，双臂配合，迅速用力做前摆动作，身体向前方跃起；

（4）全脚掌落地之后迅速将身体重心过渡到前脚掌，落地时注意弯曲髋关节和膝关节以作缓冲，落地之后双臂后伸，自然恢复到预备时的姿势。

（二）教学指导

1. 动作要点

四肢动作相互配合、协调一致；两脚动作保持一致，同起同落；连续进行跳跃练习。

2. 教学重点

增强学生在跳跃过程中保持身体平衡的能力；适当控制学生每一次跳跃的距离。

3. 教学难点

两次跳跃之间的衔接，包括身体的平衡、下次跳跃的发挥等。

4. 教学步骤

（1）以"青蛙跳"游戏引入教学，引导学生模仿青蛙进行跳跃并总结青蛙跳的特点。

（2）教师引出"双脚跳"的教学内容，向学生进行"双脚跳"技术讲解和演示。

（3）学生在教师演示之后进行"双脚跳"练习，教师在这个过程中巡视学生的练习情况并给予纠正和指导。

（4）课堂小结。

二、跳单双圈

（一）运动方法

（1）学生站在起跳线之后，双脚蹬地起跳；

（2）单脚落入单个圆圈之内；

（3）单脚蹬地起跳，两脚分别落入两个圆圈之内；

（4）依次持续跳跃。

（二）教学指导

1. 教学重点

单踏双落，连续跳进。

2. 教学难点

锻炼学生在两次跳跃之间保持身体平衡的能力；要求学生的落地动作要轻快，学会降低缓冲，增加跳跃弹力。

3. 教学步骤

（1）教师向学生介绍并示范单双圈练习的方式。

（2）向学生强调单脚起跳、双脚落地，持续跳跃以及轻快落地的方法、技巧，并进行示范。

（3）几名学生为一组，共用一个单双圈练习场地，进行分组练习。

（4）教师巡视学生的练习情况，进行动作纠正和指导，注意多用肯定的语言对学生进行鼓励。

（5）学生交流练习体会，教师进行课堂总结。

（三）教学游戏示例

1. 游戏名称

种收蘑菇。

2. 游戏方法

（1）按照人数将学生平均分成4队，再将每队分成甲、乙2个小组。

（2）2个小组排成纵队，然后排头相对站立。

（3）甲组排头以双脚跳跃的方式将"蘑菇"种在两队之间的指定位置，然后继续向前跳跃到乙组排头面前并与之击掌；

（4）乙组排头的同学在击掌之后立刻单脚连续跳跃到蘑菇的位置并将"蘑菇"收起；

（5）各队两组同学依次轮流进行该游戏，先完成的一个队伍获胜。

3. 游戏规则

（1）负责种"蘑菇"的同学必须双脚跳跃，负责收"蘑菇"的同学必须单脚跳跃；

（2）种、收"蘑菇"的过程中，如果"蘑菇"掉落，必须要跳跃回去将其捡起才可以继续进行游戏；

（3）遵守游戏秩序，不可以故意干扰其他小组的活动。

三、立定跳远

（一）运动方法

（1）双脚左右分开站立，两腿自膝关节处微微弯曲，上半身略微向前倾斜，两臂向右后方举起。

（2）两臂用力向前做前摆动作，同时双脚用力向后蹬地，身体迅速向前上方跃起。

（3）落地时先用脚跟着地，然后逐渐过渡到前脚掌。

（4）落地时双腿保持弯曲状态，以降低缓冲并保持身体的平衡。

（二）教学指导

1. 教学重点

起跳瞬间上下肢动作的协调配合；下落动作保持轻快；下落时保持身体的平稳。

2. 教学难点

发展学生的跳跃爆发力。

3. 教学步骤

（1）以模仿袋鼠跳跃游戏引导学生认识"立定跳远"项目。

（2）教师进行技术讲解，突出动作要领，强调动作重点和难点，并进行示范。

（3）要求学生两人一组进行练习，相互监督、相互指导，教师在学生练习的过程中进行巡视，及时对学生的动作进行纠正和指导。

（4）进行课堂交流及展示，同学之间相互分享练习心得。

（5）教师进行课堂评价和总结。

四、蹲踞式跳远

（一）运动方法

1.助跑技术

刚开始时跑步的速度比较慢，后面逐渐加快，最后几步的频率尤其要快；

最后一步落脚的位置要准确，不能超过起跳线。

2.起跳技术

双脚用力蹬地，同时双臂配合用力前摆；

动作速度要快，并且上、下肢之间的配合要协调一致。

3.腾空技术

起跳腿用力向前上方提举；

整个身体呈团身蹲踞姿势。

4.落地技术

先由脚跟着地，再逐渐过渡到前脚掌；

注意提高落地动作的弹性，使落地动作更加轻快；

落地时双腿屈膝以降低缓冲。

（二）教学指导

1.教学重点

通过教学帮助学生掌握蹲踞式跳远的整个技术过程。

2.教学难点

助跑和起跳技术的衔接配合。

3.教学方法

（1）游戏法

通过"抓青蛙""穿越火线"等游戏，引导学生进行跳跃练习，激发学生的学习兴趣，锻炼学生的跳跃能力和反应能力。

（2）示范法

根据小学生好奇心重、模仿能力强的特点，教师进行动作示范，尽量保证示范动作的连贯和优美，引起小学生的练习兴趣；

教师在讲解示范的过程中，既要做分解示范，帮助小学生掌握动作的细节，使小学生掌握正确的动作技术；又要做整体示范，帮助小学生将动作串联在一起，锻炼其完成动作的完整性、连贯性和流畅性；

将练习作为重点，引导小学生在自行练习过程中感受并掌握技术动作。

3. 对比练习法

要求学生以组为单位，相互观察彼此的动作，发现别人或者自己动作中的错误，相互纠正、相互指导。

4. 指导练习法

在学生练习的过程中，教师密切关注学生的练习情况，对于学生的个性问题及时进行个别指导，对于学生普遍存在的问题，统一指出并纠正，通过个别指导以及集体纠错的方式使学生掌握正确的技术动作。

第三节　投掷类项目运动方法与指导

一、投掷垒球

（一）运动方法

（1）身体正面朝向即将投掷的方向，右手向前高举过头顶，手中持球。

（2）进行助跑，助跑最后一步右腿向前迈进的同时，身体顺势右转，然后右手持球从上往下画半圆，将球带到体侧。

（3）左腿用力蹬地，右腿迅速向前交叉，右脚落地的同时迅速蹬地、转髋、挺胸，身体迅速左转，身体重心向前。

（4）左腿积极落地蹬伸，上体向前鞭打，挥臂将球经肩上快速投出。

（二）教学指导

1. 教学重点

做投掷动作时，上下肢的动作要协调一致，共同发力。

2. 教学难点

感受整个投掷过程中，力量在身体不同部位的传递。

3. 教学方法

（1）原地投掷垒球技术

①原地正面投掷垒球

教师可以借助视频、图片等向学生进行动作演示，使学生更加清晰、准确的认识动作；

重点在于完成一连串动作的速度要快；

做投掷动作要迅速、用力。

②正面上一步投掷垒球

正面上一步投掷垒球技术以原地投掷垒球技术为基础，可以让学生每人拿一纸篓垒球，边走边投，感受并掌握动作。

③原地侧面投掷垒球

教师必须严格要求学生，让学生将每一个动作做到位；

重点引导学生进行蹬地转体、挺胸挥臂动作的练习，使学生掌握两个动作之间的衔接技术；

强调学生完成动作的流畅性、速度以及爆发力；

要求学生重复练习，帮助其形成正确的动力定型。

（2）助跑投掷垒球技术

①投掷步技术训练

原地向后引球：目的在于使学生学会并掌握正确的引球动作；

一步引球：确保学生学会正确向后引球动作以及体会与下肢协调配合；

动中向后引球：保证动作的准确性和规范性；开始时动作速度较慢，后面逐渐加快；

完成交叉步：做好引球和交叉步动作的衔接，使之连贯、流畅。

②最后用力

用力顺序：右脚用力蹬地，髋关节就势向投掷方向转动，躯干—肩膀—大臂—小臂—手依次发力。

二、双手前掷实心球

（一）运动方法

1. 握球和持球

（1）握球和持球的方法

双手除大拇指外的四根手指分别从球的两侧将球夹住，两个大拇指自然放在球的上方将球固定住。

（2）注意事项

①双手应该将球握稳，防止球意外掉落；

②保证在运动的过程中能够灵活控制手中的球，不干扰两臂、手指、手腕力量的发挥。

2. 预备姿势

（1）两脚一前一后分开站立，前脚置于距离起掷线20—30厘米的位置，后脚置于距离前脚一脚掌距离的位置，两脚左右之间的距离大约为半个脚掌的长度，后脚掌脚跟微微抬起；

（2）双手持球，身体重心置于两脚中间偏前的位置，双眼平视前方。

3. 预摆

进行预摆这一步骤的目的是提高实心球的初始速度，一般会根据具体人数进行1—2次的预摆。

进行最后一次预摆时，先是将球从身体的前下方，抢过胸前，划到头部后上方，同时上半身配合双臂和手部的动作后仰，身体反向形成一个弓形，并伴随着深吸气，集中核心力量。

4. 最后用力

（1）预摆动作完成之后，两手紧握实心球，用力将此时正处于头部后上方的实心球向前摆动。

（2）同时，下半身配合双臂的动作，双脚用力蹬地，髋部向前顶，腰腹迅速发力。

（3）手腕和手指在双臂的推动之下，用力向前鞭打手中的实心球，将球发出。

（二）教学指导

1. 教学重点

上下肢动作和力量之间的协调一致。

2. 教学难点

身体各部位力量的传递。

3. 教学方法

（1）原地传球接力

男生、女生分开进行练习，按照人数分别将男生、女生各自平均分成四个小组，各个小组的成员纵向站队，前后两名同学之间的距离为1米；

每个小组的第一名同学将球从头部后上方传递给第二名同学；

第二名同学从胯下将球传递给第三名同学；

依次类推，直到将球传递给最后一名同学，用时最短的队伍获胜。

（2）抛实心球练习

男女生分开进行练习，两人一组，抽签决定队友；

①练习内容

练习一：向体前上方抛球，球抛出去之后两人迅速击掌，这个过程中击掌次数最多并且成功接到球的队伍获胜；

练习二：向头部后上方抛球，球抛出去之后立刻开始做转体动作，转体度数最多并且成功接到球的队伍获胜。

练习三：向体前上方抛球，球抛出去之后立刻下蹲，蹲下之后做拍地动作，拍地次数最多并且成功接到球的队伍获胜。

②练习规则

完成动作之后没有接到实心球或者接到球之后没拿稳不小心使球滑落视为游戏失败；

必须要用双手抛球，单手抛球不算数；

必须要站在指定的位置，超出指定的位置接球为失败。

（3）基本技术教学方法

上述两种练习方法的目的是让学生认识并感受实心球，对实心球的动作和技术形成一个大致的了解，学生在获得一定体会之后教师可以开始进行投实心球的基本技术教学。

①按照人数将学生平均分成两个小组，两组同学面对面站立，两组中间相距15米的距离，组内2名同学之间相距两臂张开的距离；

教师进行动作讲解和示范；

学生在教师示范之后自行进行练习，教师巡视练习情况并及时予以纠正指导。

②男女生分开，然后按照投掷能力的高低进行分组练习；

相向站立，场地中间设置一横绳，并在场地每方画一条投掷线，投掷距离横绳高度参考表4-1。

表4-1　按能力组投掷距离横绳高度参考表一

性别	投掷成绩/米	投掷线与横绳投影线距离/米	横绳高度/米
男生	≥10.0	6	3
	8.50—10.0	5	2.7
	<8.50	4	2.5
女生	≥7.20	4	2.3
	5.80—7.20	3.5	2.1
	<5.80	3	2

学生在投掷实心球时，球应该飞过横绳，但是学生在练习的过程中可能

会出现身体蹬伸不充分或最后用力屈肘、出手角度偏低等问题，教师应该巡视各组练习情况并及时纠正学生的动作。

（三）教学游戏示例

1．"手雷"游戏

（1）游戏方式

①将学生按照人数平均分成几个小组。

②画一条横线作为学生的起掷线，距离起掷线20米处画一个方格作为指定落球区域。

③每组同学站在起掷线处轮流投球，每人3次机会。

④将球投进方格区域总数最多的小组获胜。

（2）游戏目的

①锻炼学生对投掷弧度和投掷力度的掌握能力。

②提升学生投掷的准确性。

2．"打靶"游戏

（1）游戏方式

①按照人数将学生平均分成几个小组。

②在距离靶心处3米的地方画一条横线，作为"起投线"。

③学生站在起投线处将手中的沙包投向靶心。

④按照投中位置距离靶心的距离确定分数，总分最多的队伍获胜。

（2）游戏目的

①锻炼学生投掷的准确性。

②锻炼学生对投掷力度和身体弧度的掌握能力。

③激发学生的学习兴趣和学习热情。

第五章 小学球类运动方法的设计与教学指导

球类运动是广泛受到人们喜欢的运动项目之一，具有较大的吸引力，技术动作包含了跑、跳、投、扣、踢等基本技能，对发展力量、速度、耐力、协调、灵敏、柔韧等身体素质具有全面的促进作用，同时对培养协作能力、配合能力都有积极的促进作用，对小学的体育教学具有全面的积极意义。本章就篮球、足球、乒乓球的运动方法和教学指导，以及其他球类项目的运动方法和指导进行阐释，希望对小学球类项目的体育教学起到一定的帮助作用。

第一节 篮球运动方法与指导

一、篮球教学概述

（一）篮球运动介绍

篮球运动发展至今已经有100多年的历史，是全世界发展较为广泛的一项大球运动。篮球运动最初是由马萨诸塞州的体育教师于1891发明的。发展到今天，现代篮球的最高水准仍然是以美国为代表，特别是美国职业篮球联赛，可以说全世界最耀眼的篮球巨星都在NBA。篮球运动从活动性游戏开始，经过长期的运动实践，已经成为现代体育运动中影响力巨大的竞技项目和健身娱乐项目。在我国，篮球运动也有着广泛的群众基础，也是我国体育教育中的一项重要内容。

（二）篮球教学的主要任务

从篮球运动的特点和规律来讲，它是一种活力四射的运动项目，非常符合少年儿童的年龄特性，不仅能全面地锻炼身体，而且对培养使命感、荣誉感和团队精神等都具有特殊的教育意义。小学的篮球教学任务主要是对学生进行全面的综合素质教育，促进正确世界观的形成，培养良好的意志品质，通过教学，培养学生勇敢顽强、团结友爱、刻苦耐劳、积极进取等优良品质。在篮球教学中，教师应该充分调动学生的积极性，力图在技术练习和游戏中掌握篮球技术，指导学生实践运动，学会篮球的基本技法，并促进身体正常发育，提高机能素质，锻炼团结协作的习惯。

为了便于分析和研究教材，教学会侧重于基本技术和游戏环节。由于篮球的基本技术内容繁多，这里仅选择一些最适合小学生的基本的攻、防技术，使小学生能够在掌握初步的篮球知识和技能的基础上，培养一定的篮球能力，可以欣赏篮球运动，可以进行一定的篮球运动等。篮球运动教学能促进学生发展认知能力，练习应变能力、对抗能力和配合能力等。整体的教学风格应该在轻松活泼的氛围中完成，使小学生在快乐篮球中掌握一定技术动作，并培养对篮球的兴趣。

二、篮球运动的基本技术和指导

篮球技术是篮球运动中进攻和防守动作体系的总和。鉴于小学生的年龄、身高等客观特点，小学的篮球教学主要强调一些基本的知识和技法，重点是让学生学会欣赏篮球的魅力，为日后进一步发展打好基础。

（一）基本站立姿势

1.动作概念

两脚与肩同宽，左右或前后开立，前脚掌着地，脚跟微微抬起，两膝弯曲，身体重心落在两脚之间，上身微前倾，两臂屈肘自然下垂置体侧，两眼注视场上情况。

2.教法提示

让学生列队集体模仿练习，也可以两两一组互相校正姿势，更有助于快速学习。待学生们基本掌握动作之后，教师安排学生在站立、走动或跑动中听信号立即成基本姿势站立。或者以一脚为轴做跨步、同侧步、交叉步后，迅速恢复到基本姿势站立。总之，让学生熟练掌握基本站立姿势，能形成深刻的身体记忆为佳。同时，也训练了学生的反应能力和应变能力。

3.教学指导

学生两脚开立保持好身体重心，教师要重点留意学生直腿站立、低头提臀和外八字脚的错误动作，及时地进行提醒和纠正。要强调基本姿势的重要性，并举例结合到技术中，让学生有清晰的认知。

（二）移动

1.动作概念

移动是指篮球运动中改变位置、方向、速度和争取高度等所采用的各种脚步动作方法的统称。移动的脚步动作结构是由踝、胯、膝、髋关节为轴的多个动作构成，并与上肢加以配合，特别是脚、腿、胯的协调用力对控制和转移身体重心，保持身体平衡，起着主动的支配作用。它包括起动、跑、跳、急停、转身、跨步、滑步。

2.教法提示

教师指导学生原地放松跑、高抬腿跑、小步跑，并且在放松中加速跑。

学生原地各种跑转为放松跑、加速跑、快跑。从基本站立姿势开始，听教师的信号向不同方向起动快跑。接下来做根据信号做侧身跑、变速跑、变向跑、后退跑。还可以利用圆圈做弧线跑。利用场上的横线做折线跑。总之，教师应该充分利用现有的资源，调动学生的学习热情，可以增加小组为单位的游戏环节。在场地内直线快跑中，利用急停转身做折回跑。之后可以增加难度为运球急停急起、急停转身折回跑、急停后起跳等。

3.教学指导

移动的教学是从跑的动作开始的，教学顺序可以按跑、急停、转身、跳、滑步等分别组合进行，重视运用视觉信号来锻炼学生的观察能力和应变能力。同时结合基本站立姿势、起动、跨步、急停等动作的学习。一开始时可集中练习，这样才能为其他的技术学习打下扎实的基础。

教师的讲解要让学生易于联想。要明确、形象、生动，以符合小学生的思维模式，示范要准确，使之形成正确的动作概念。然后还应该以循序渐进的方式进行，从单个动作到组合动作，逐渐增加动作的数量、练习的强度，并注意营造轻松活泼的运动氛围，改变练习条件，以适应少年儿童的年龄特点。

（三）传接球

1.动作概念

持球方法有双手持球和单手持球。但是对于小学生而言主要练习双手持球。两手手指自然分开，握住球的后侧方，两拇指成八字形，两肘弯曲，自然下垂。

传球是篮球比赛中进攻队员之间转移球的主要方式，是进攻队员在场上相互联系和组织进攻的纽带，应该让学生对传球有正确的认识，准确巧妙的传球可以打乱对方的防御策略，为球队创造更多的得分机会。传球时以基本姿势站立，蹬、转、伸、压、翻、拨协调用力。小学生可以重点练习双手胸前传球和双手头上传球。

与传球相应的是接球，在激烈的比赛中能否采用正确的动作稳固地接球，对减少传球失误至关重要，以及能否顺利截获对方的球等都是非常关键的动作。接球分单手接球和双手接球，同样的小学生以双手接球练习为主，单手接球为辅。双手接球是伸臂迎球，两拇指成八字形，手指向上，掌心斜向前似持球状，当手指触球时应随球收臂，紧紧持球于腰腹间。

2.教法提示

接传球练习主要采用两人一组的形式练习，两名学生相对而立，先从徒手模仿传接球练习。这样是为了加深动作姿势的概念，如果直接上球练习，为了能完成接传球的目的，学生很可能会无意识地以习惯的动作姿势完成，这样就失去了训练的意义。待形成一定的动作意识之后，可以增加练习难度，比如一人原地传球，另一人向左、右、前、后移动做接球的练习。然后练习两人相对跑动传、接球练习。

再进一步，可以进行二人全场行进间传、接球练习。注意练习不得走步，并且出球要快速、准确，以及练习整体的协调能力，传球要做到以球领人。在练习中，教师除了注意纠正学生的动作以外，也应注意安全和纪律维护，毕竟小学生的自制力还没有发展健全，不要把传接球练习变为嬉闹活动。

3.教学指导

传、接球的教学可以从持球手法、接球、传球的顺序进行。在掌握动作规范的基础上再进行移动传、接球的教学与训练，再进行与其他技术相结合训练；最后进行有防守情况下的训练，为比赛练习做好准备。

（四）运球

1.动作概念

在掌握了传球和接球之后，可以进行运球的学习。运球就是学生持球在原地或移动中连续拍球以控球的动作。运球时保持基本姿势，以肩为轴，肘部自然放松，五指分开以扩大控制面积，用手指和指根部位及掌心以外的掌外缘接触球，以上臂发力。运球可分为高运球、低运球、运球急停急起、体前变速变向运球、背后运球、转身运球、胯下运球等。小学生可以从简单的运球开始练习。

2.教法提示

运球练习需要对球性比较熟悉，可以让学生首先做原地运球，比如原地左右拉球、原地四向拉球、体前交叉拉球、原地"8"字运球以及行进间直线运动训练等。

3.教学指导

小学篮球教学中运球的练习顺序一般从原地运球、行进间直线高低运球、运球急停急起、身前变向运球这几种。首先需要学生找到一定的球感、手感，练习的关键是手指拨球动作、控制能力以及手脚的协调配合，虽然是小学篮球教学，但是从一开始就要培养学生的战术意识，掌握运球时机，会判断及时变换和衔接下一个动作等。教师要及时对学生的技术动作完成情况做出评定，肯定优点，指出不足，并且要进一步帮助学生分析产生不足的原因，如何克服，如何改进，做到有效指导和教学。

（五）投篮

1.动作概念

投篮是篮球运动唯一的得分手段，是进攻的最后一步，也是最关键的技术。小学篮球教学中可以练习原地投篮、行进间投篮和跳起投篮。原地投篮是以基本姿势开始，一脚稍上前，持球于肩上，出手时蹬地、伸臂、屈腕、拨指，出球。行进间投篮，以右手为例，跨右腿，左腿上，左腿蹬，右腿提高到最高点，双手持球但以右手为主形成投篮姿势，手心向上，出球。跳起投篮持球方法同原地，但是加了跳起的动作，双脚蹬地，身体伸展，双手举球向上，在身体接近最高点时用力出手投篮，落地缓冲。

2.教法提示

让学生站成一排，先从徒手模仿练习开始，然后再持球向空中投篮练习，注意掌握投篮手法、瞄准点、球的飞行弧线，提高动作的连贯性与协调性。待基本动作掌握良好之后，可每人一球在罚球线上排成单行，自投自抢反复进行。或者两人一组一球，做一人传球、一人投篮、移动投篮练习。

3.教学指导

最开始先学习原地投篮，接着学习行进间投篮，对于小学生而言，掌握动作意识，尽量做到标准即可。教师可以安排学生分组进行投篮计分比赛，以增加学习的游戏性。

第二节　足球运动方法与指导

一、足球教学概述

（一）足球运动介绍

在我国的史料记载中，古代的足球游戏起源于公元前475—221年的战国时代。当时叫作"蹴鞠"活动，蹴鞠活动在我国经历了汉、唐、宋、元、明、清多个朝代。在西方，公元10世纪以后，足球游戏出现在法国、意大利、英国等一些国家，后逐渐发展成现代的足球运动。1863年10月26日，英国足球协会在英国伦敦成立，这是世界上第一个足球运动组织，并统一了足球规则，人们称这一天为现代足球的诞生日。足球运动是一项古老的体育活动，源远流长，而现代足球又是世界上开展得最广泛、影响力最大的运动项目，被称为"世界第一运动"。总之，足球在人们生活中所占据的地位和意义，已经远远超出体育运动的范畴。

（二）足球教学的主要任务

足球运动是世界上最受人喜欢的运动项目之一，也是开展最广泛、发展最为成熟的运动。通过足球教学，可以全面地锻炼学生的身体素质，发展奔跑、跳跃、耐力、平衡、灵敏、协调、反应等能力，促进身体发育，增强体质健康。同时，还有助于培养勇敢顽强的意志品质，建立自尊与自信，促进心理健康。小学足球的教学任务是通过对足球基本技术与游戏的教学，激发学生对足球的兴趣，培养参与意识，提高主动性和积极性。教学内容包括足球运动简单的基础知识、常用术语，初步掌握一些基本的技能。主要发展学生的踢、停、顶、运、射等基本活动能力，与此同时，通过一些足球游戏活动还可以很好地发展速度、灵敏和反应等能力，提高学生心血管系统、呼吸系统等脏器组织的功能。通过协作配合，还可以培养学生的团队意识和组织协作能力，以及学习处理队友、对手这样的人际关系。足球运动是一项充满激情的运动，小学教学中可以适当地进行一些对抗性游戏，可激发学生的拼搏、进取、求胜的精神品质和思想意识。

二、足球运动的基本技法和指导

足球技术是指运动员在足球比赛中所采用的合理动作的总称，包括无球技术和有球技术。足球技术是在足球比赛实践中逐步形成、发展和完善起来的，一个控制球能力很强的运动员的控球时间也仅有两三分钟，其他时间都是在做无球的跑动。因此，足球运动中有大量的无球技术，其与控球技术同等重要。所以对无球技术的教学与训练可与提高身体素质的练习结合起来，在进行素质训练时有目的地加入无球技术动作，从而逐步掌握和提高无球技术。

（一）跑动

1.动作概念

指导学生运用起动、快跑、转身和急停等脚步移动技术。

2.教法提示

（1）由基本的站立姿势开始，比如学生听或看教师的信号练习起动，可以开展各种跑跳的练习。或者由基本的站立姿势侧向、背向开始，熟练后结合听或看教师的信号做急停、急转等动作练习。

（2）教师可以组织学生利用足球场地上的线、圈做跑动练习，增加教学的游戏性，这种形式更适合小学学龄青少年儿童。

3. 教学指导

在跑动技术教学中，教师应先从基本站立姿势开始。跑动的教学顺序一般为起动、急停、转身、跳跃、加速跑等综合性移动。要明确重心下降、步幅减小等关键技术。

当学生逐步掌握了足球跑动的基础技术之后，接下来应以跑动的突然性、快速性、灵活性作为教学重点。

对于小学较高年级的学生，还可以加入移动假动作的教学与训练内容，在小组对抗练习中，在无人防守、消极防守中练习和掌握，在积极争抢中运用和提高。做移动假动作的关键是保持身体平衡，并且动作之间的衔接要快而协调流畅，这是运用假动作能够达到其目的的不可缺少的条件。

（二）颠球

1. 动作概念

颠球可分为拉挑球、脚背正面颠球、脚内侧颠球、脚外侧颠球、大腿颠球、头颠球、肩颠球和胸部颠球等。小学生以拉挑球、脚背正面颠球、大腿颠球的练习为主。

（1）拉挑球。一只脚支撑，站在球的后方约30厘米处，拉挑球脚的脚前掌踏在球的上方并轻轻向后拉，在球开始向后滚动的同时，脚尖、脚掌顺势着地，在球滚上脚背时，脚尖微翘向上挑起。

（2）脚背正面颠球。支撑腿的膝关节微屈，掌握身体重心，另一只脚的膝、踝关节适当放松，脚尖翘起，用脚背轻击球的底部，并轻轻将球向上颠起。

（3）脚内侧颠球。支撑腿关节微屈，身体重心移动到支撑脚上。当球下落到膝关节高度时，以颠球脚的脚内侧向上触球，并轻击球的底部，将球向上颠起。

（4）大腿颠球。支撑腿膝关节微屈，支撑身体重心。当球落至接近髋关节高度时，颠球腿屈膝上摆，以大腿的前部或者中部击球的底部，将球向上颠起。

（5）头颠球。双膝微屈，自己抛球练习，抛球后双臂在身体两侧伸展以保持身体平衡，当球下落至合适高度，用头的前额轻顶球的中下部。

2.教法提示

小学生重点练习原地颠球和拉挑球，两项技术分别逐步掌握后可练习原地拉挑球接着颠球练习。可以分别练习单脚颠球和双脚交替颠球，单腿颠球和双腿交替颠球。

（三）踢球

1.动作概念

踢球是运动员有目的地用脚的某一部位把球击向预定目标的动作。踢球技法主要有脚内侧、脚背正面、脚背内侧、脚背外侧、脚跟踢球等形式。

2.教法提示

教师可讲解每种踢法的特点和用处，可以根据目的选择踢法的角度进行教学。然后让学生做各种踢法的模仿练习。比如踢远度练习，踢标志物练习，三人一组踢球穿裆练习等。

逐渐掌握以上练习之后，教师可组织学生分组，练习踢来自各个方向的球。或者两纵队相对站立，进行踢球练习。然后可以以计分比赛的形式，做定点射门游戏。

3.教学指导

（1）踢球练习要先从以踢静止球、地滚球为主。在初步掌握之后，高年级的学生可练习踢反弹球、空中球。注意练习中球速应由慢到快，动作由简到繁。在练习中教师要针对踢球的身体姿势、助跑、腿的摆动、脚击球的部位等方面分解示范。让学生通过理解、观察、模仿、纠正、再实践的过程进行学习，建立正确的技术动作概念和学习方法。

（2）培养学生掌握两只脚的踢球技术，促进身体的平衡发展。对每种踢法要认真地反复练习，尽管每个学生的技术动作掌握可以有差别，但是教师对每个学生都应该有严格的技术标准，要求每一次出球要有明确的目的。以培养他们科学的学习意识和方法。同时，把踢球、颠球的练习增加游戏环节，让学生能体验到足球运动的乐趣和魅力，从而真正激发他们的学习热情和主动性。

（四）头顶球

1. 动作概念

头顶球是运动员有目的地用头的前额骨把球击向预定目标的动作。头顶球分为前额正面顶球和前额侧面顶球。又可分为原地顶球、跑动中顶球、跳起顶球和鱼跃顶球几种形式。

2. 教法提示

小学生可重点练习原地前额正面顶球的动作，根据球的运行路线和速度，及时移动到位，学生正对来球，两脚开立，膝关节微屈，重心放在后脚上，两臂微屈保持身体平衡，眼睛注视来球。当球运行到身体垂直部位前的刹那，后脚用力蹬地，身体重心移向前脚并迅速向前摆体，收下颌，快速甩头，用前额正面顶球的后中部，上体随球继续前摆。

另外，还有原地跳起前额正面顶球。根据来球的运行路线及时移动到位。准备起跑时，两腿屈膝，重心下降，两脚同时用力蹬地、两臂屈肘上摆并在跳起过程中挺胸展腹，在跳到接近最高点时身体成背弓，准备顶球。快速收腹前屈并甩头，用前额正面将球顶出。

第三节　乒乓球运动方法与指导

一、乒乓球教学概述

（一）乒乓球运动介绍

乒乓球运动的起源有多种说法，最为流行的说法是源于19世纪末的英国，是由网球运动派生而来的。据说，最早是英国上流社会两个贵族青年看过温布尔顿网球赛后，在一家饭馆用餐后，仍然兴致不减，一边讨论网球技战术，一边用香槟酒的软木酒塞当球，以大餐桌当球台，进行演练。闻声赶来的其他客人不禁脱口喊出"Table Tennis"，这也就是乒乓球的名字由来。此后，乒乓球从欧洲、美国开始，而后传入亚洲。国际乒联（ITTF）于1926年12月在英国伦敦成立，总部原设在英国东苏塞克斯郡的黑斯廷斯，2000年迁至瑞士洛桑。

（二）乒乓球教学的主要任务

乒乓球运动属于隔网对抗的技能类体育运动，比赛是按规则将球击到对方桌面迫使对手回球出界、落网或犯规的运动。在小学的乒乓球教学中，首先要让学生熟悉球性，对基本站姿、握拍方法、发球等有初步的掌握，对乒乓球的基本知识和技能基本了解和练习。可以懂得基本技法分类，比赛计分规则、初步掌握握拍、发球、接球的简单技法。

二、乒乓球运动的基本技法和指导

（一）握拍方法

学习乒乓球需要从握拍开始，因为握拍的方法非常重要，怎样的握法决定着学生的特长发展和发挥。选择适合的握法才可能打好球，才有助于发挥特长，提高打球的水平，强化对乒乓球的兴趣。

1.直握球拍方法

直握球拍法就是用拇指和食指握住球拍柄与拍面的结合部位。让拍柄右侧贴在食指的第二关节内侧，食指的第二关节压住球拍的右肩，其第一关节自然向内弯曲，以对球拍形成稳固的支撑。拇指的第一关节压住球拍的左肩，其他三指自然弯曲，以中指、无名指的手指前部顶住球拍背面上端1/3处。

　　直握球拍分为圆形、角形、蛋形等，有的是单板，有的是三合板，各有各的特点。

　　（1）标准握法：直拍的标准握法是指拇指和食指深浅适宜地握住球拍肩的两侧。

　　（2）深握法：深握法是指拇指和食指握拍的两侧较深，以获得更强的掌控力。

　　（3）浅握法：与深握相对，浅握指拇指和食指较浅地握在拍肩的两侧。

　　（4）直拍横打握法：直拍横打握法近似于浅握法。拇指较直，食指放松，而中指、无名指和小拇指较直。这种握法总体上的特点是手腕可以灵活、充分地用力，适合处理台内球，侧身进攻也比较灵活。

　　相对而言，深握法比较易于正手和反手技术动作的发力，缺点是手腕的灵活性稍差。浅握法手腕的灵活性高，但是正手和反手技术动作的发力受到限制。而直拍横打的握拍较浅，因此食指较放松，中指、无名指略伸直，这种握法便于反面击球。正手攻球时，拇指与中指协调用力控制好拍形，食指放松，中指、无名指尖顶住球拍背面，保证持拍的稳定和发力。推挡时，拇指相对放松，食指和中指协调用力控制拍形。

　　2.横握球拍方法

　　（1）深握法：如果虎口稍紧贴拍柄正侧面，可称为深握法。

　　（2）浅握法：如果虎口稍离开拍柄肩侧，可称为浅握法。

　　如握手一样的握拍方法称为"横拍"。横握球拍也有很多类型，但以圆形居多。直拍一般使用单面，横拍使用双面。用中指、无名指和小指自然握住拍柄，拇指在球拍的正面，食指自然伸直置于球拍的反面，虎口正中央贴拍柄正侧面。与直握球拍比较，其握拍方法简单，易于发力，缺点是手部动作受到限制，灵活性差一些。

　　3.球拍面的种类

　　乒乓球拍分为胶皮拍、正胶海绵拍、反胶海绵拍三种。胶皮的胶粒有大小、长短、疏密之分。这些材质和形态的不同会影响击球的弹力大小、旋转的强弱。胶皮有普通胶皮与长胶胶皮之分。由于球拍的种类不同，性能自然就不一样。

（二）基本站位

两脚自然开立比肩稍宽，两膝微屈，踵部稍提起，上体略前倾，下颌稍向内收，两眼注视来球。持拍手自然弯曲，手腕适当放松，置于身体一侧。

一般来说基本站位分为以下三种。

（1）快攻和弧圈球打法的基本站位在近台中间偏左。

（2）两面攻打法的站位在近台中间。

（3）攻削打法的基本站位在中远台中间。

（三）基本步法

1. 单步

以一只脚的前脚掌为轴，另一只脚向前、后、左、右的不同方向移动，随后身体重心也落到摆动脚上。单步的优势是移步简单、灵活，重心平稳，常用于还击近网短球或追身球。

2. 并步

并步的移动幅度比单步大，移动时没有腾空动作，重心起伏小，有利于保持平衡和稳定。

3. 跨步

跨步的移动幅度较大、速度较快。在近台快攻打法还击正手位大角度来球时较多地采用此步法。

4. 跳步

跳步因为有一个短暂的腾空，因此移动的幅度较大。如果来球快、角度大采用跳步较多，是选手在中台向左、右移动或侧身移动时常用的步法。

5. 交叉步

交叉步主要用于打较远的来球，其移动幅度比前几种都大。弧圈球和快攻型打法在侧身进攻后扑右大角空档，或从正手位返回到反手位大角度击球时均采用此步法。

6. 侧身步

侧身步其实并不是一种独立的步法，常用的侧身步有单步侧身、并步侧身、跨步侧身、跳步侧身、交叉步侧身等，其动作要点和作用是：

（1）单步侧身

右（左）脚向左（右）脚后方跨一步后侧身击球。特点是移动快、范围小、侧身较充分、发力较大，快攻打法较多采用此步法。

（2）跨步侧身

以左脚起步为例，左脚向左侧跨一步，右脚向左侧后方移动，同时上体侧转腰，重心落在右脚上。其特点是移动快、范围小、侧身充分、发力大，多用于快攻打法。

（3）跳步侧身

与正常的跳步动作基本相同，它的特点是移动速度比单步和跨步侧身要慢一些，移动的范围大，利于正手发力攻球或弧圈球。

（4）交叉步侧身

与正常的交叉步动作基本相同，移动时注意腰、髋关节配合向右后方转动让位。当来球较远时多采用次步法。

7. 小碎步

小碎步是连接以上几种步法的衔接步法，可以调节身体重心、击球位置和时间，起着承上启下的积极作用。

（四）发球技术

发球技术是乒乓球比赛中创造得分机会的主要技术，也是乒乓球竞赛中唯一不受对方限制的技术。从动作的旋转性质划分，发球技术分为平击发球、奔球、转与不转发球、侧上下旋发球；从动作的方式可划分为正手发球、反手发球和下蹲发球；从抛球的高低上可划分为高抛发球和低抛发球。

1. 平击发球

平击发球的特点是速度较慢、力量较轻、旋转比较轻的上旋球。适合小学生刚刚开始接触乒乓球学习阶段的学习。平击发球相对容易掌握，也是学习其他发球方法的基础。

（1）正手动作要领：指导学生站在球台中间偏左处，两脚自然开立略宽于肩。抛球时向右侧后上方引拍，球拍拍面略前倾。挥拍击球时，击球的中部略偏上。球的第一落点在球台的中段附近。

（2）反手动作要领：指导学生站在球台中间偏左，右脚稍前，身体略向左转。将球抛至身体左侧前方，右臂外旋击球的中上部，向右前方发力，使球的第一落点在球台中段附近。

2.奔球

技术特点是球速快、落点长、冲力大、突然性强。难度相对较大，教师可以多做示范，让学生理解动作要领，之后分组进行模仿练习。通过偷袭对方正手位来实施牵制对方侧身抢攻的战术意图。

（1）正手动作要领：尽可能靠近球台。抛球时身体重心移到右脚。挥拍击球时，球拍立起向前方快速挥动击球的中部，击球点要低，以降低弧线；尽量使第一落点靠近本方球台的底线处，以便发出长球。

（2）反手动作要领：靠近球台站立，右脚在前，左脚在后。抛球并球拍向左后方引，身体重心在右脚。当球下落到球网高度时，挥拍击球，充分运用手腕的弹击力量，击球点比较低，与网高基本相同。

3.发下旋球（转和不转）

发下旋球是指尽量以相同的动作却发出旋转反差较大的球。在比赛中以旋转变化迷惑对手，破坏对方的接发球战术。在落点方面常以发网前短球为主，限制对方的抢攻而为本方抢攻创造机会。

（1）正手动作要领：靠近球台站位，左脚在前右脚在后，抛球的同时球拍向后上方引，手腕适当外展，挥拍击球时以腰带动手臂向前下方挥动，在球下降到球网高度时迅速击球。转与不转关键在于击球的位置。发下旋球时，用球拍的下半部分摩擦球的中下部，拇指、食指和手腕在触球瞬间暴发内收，加强摩擦；发不转球时用球拍的中上部碰击球的中上部。

（2）反手动作要领：右脚稍前重心稍低，上体转向左侧，右肩稍沉。抛球时球拍向左后上方引，发下旋球时用球拍的前半部分击球的中下部，触球瞬间用力摩擦球。如果发不转球则用球拍的后半部分碰击球的中部，手腕和手臂前送，搓的动作少。

4.高抛发球

高抛发球是我国运动员于在20世纪60年代发明的一种发球技术，发球时将球上抛2—3米甚至更高，利用球下落时的速度和冲量增加球与球拍之间的压力，从而加大球的旋转和速度，给对方接球和回球带来难度。高抛发球也分正手和反手两种，动作方法同低抛发球的打法基本相同。

（五）接发球技术

乒乓球比赛是从发球和接发球开始的，在每局的比赛中接发球的机会与发球机会相同，因此接发球技术直接影响着比分，教师在教学中应该强调接发球的重要性。小学教学中主要以练习平击发球和接发长球为主，较高难度的接发球可以根据实际情况进行学习。

1. 接急球

当对手发过来的球速度快，左方急球不宜移动过大，可采取侧身用反手攻回击。右方急球用正手快带、快攻借力回接。

2. 接下旋球

对于小学的初学学生，回接下旋球的最基本方法就是稳搓，要求搓稳、搓低、不能下网。小学初级水平的学生在回接下旋球时，最容易出现以下两种情况。

（1）接球过高。往往是高估了对方发球的下旋强度，以至用搓挡回接时拍形过平、仰得过于厉害。

（2）接发球下网。最常见的原因一是低估了对方发球的下旋强度，二是对方发球的前进力不强，接发球时难以借上力。

第四节　其他球类运动项目方法与指导

球类运动由于内容丰富、活泼有趣因此能极大地满足学生各种运动的需要。同时，身体不易疲劳，能较长时间保持兴奋状态，使人体的各项机能和素质得到极大提高，具有较高的锻炼身体的价值，对神经系统、运动系统及内脏器官的生理机能也有很好的促进作用。除了上述讲的足球、篮球、乒乓球之外，还有羽毛球，网球等也是很适合小学生的体育运动项目。

一、羽毛球

（一）羽毛球运动介绍

羽毛球是一项隔着球网，使用长柄网状球拍击打平口端扎有一圈羽毛的半球状软木的室内运动。依据参与的人数，可以分为单打与双打。在形式上羽毛球与网球十分相似，但是羽毛球运动对选手的体格要求并不很高，更讲究耐力，是一项适合东方人发展的体育项目，也是非常适合小学学龄的体育运动。羽毛球在1992年才正式成为奥运会的比赛项目。关于羽毛球运动的起源众说纷纭，主要的说法认为现代羽毛球运动诞生于英国的1800年，是由网球派生而来。至今为止，现代羽毛球场地和网球场地非常相似，也许是最有力的佐证。

（二）羽毛球运动的基本技法和指导

1. 握拍方法

羽毛球的握拍方法对于掌握和提高羽毛球技术有着重要的意义，甚至是决定性作用。羽毛球的握拍和指法多种多样，最基本的握拍方法有两种，即正手握拍法和反手握拍法。

（1）正手握拍技术

正手握拍法很像握手方式或者拿菜刀切菜的方式。虎口对着拍柄窄面的小棱线，拇指和食指分别贴在拍柄的两个宽面上，食指和中指要稍微分开，增加握柄的面积，以提高控制力，中指、无名指和小指并拢握住拍柄，掌心不要紧贴，留有一定的空心转台，这样可以加大手腕的灵活性。一般正手发球、右场区各种击球及左场区头顶击球等，一般都采用这种握法。

（2）反手握拍技术

一般说来，反手握拍有两种：一种和正手握法相似，把球拍框往外转，拇指伸直贴在拍柄的宽面上，食指、中指、无名指、小指并拢，这种握法适合于击反手高球。另一种是正手握拍把球拍框向外转，拇指贴在球拍柄的棱上，其余四指并拢，原本横贴拍柄的拇指改为直贴，这种握法适合于击反手挑球、抽球及杀球等。反手握拍时，手心与球柄之间要留有空隙，以提高手腕力量和手指力量的灵活运用。

2. 发球技术

发球是练习羽毛球的一项基本技术。发球也是组织进攻的开始，其质量的好坏直接影响着比赛中处于主动还是被动、发球得分还是丧失发球权。发球技术可分为正手发球和反手发球两种。如果按照球在空中的飞行弧线，也可分为发高远球、发平球和发网前球。

（1）正手发球技术

在羽毛球发球中一般发高远球、平射球和网前球均采用正手发球法。高远球就是把球发得又高又远，使球向对方后场上方飞去，球的飞行路线与地面形成的角度要大于45°角，使球在对方场区底线附近垂直下落。

以正手发平射球为例。正手发平射球是发比平射球还要平的球，球基本擦网而过，直接射向对方的后场，球速较快，常用于发球抢攻或出其不意时给对手以偷袭以得分。

正手发平射球的站位一般是位于场地中间位置，两脚自然分开与肩同宽，左脚在前，脚尖对网，右脚在后，与左脚垂直，重心位于右脚。右手握拍，自然屈肘，举到身体右后侧，两眼注视前方。击球时小臂带动手腕发力为主，拍面与地面夹角小于45°角。

（2）反手发球技术

反手发平球与发正手球的球路、角度、落点相似。只是在击球的一刹那，用手腕有弹性的击球，且令拍面与地面的角度接近垂直，将球击到双打后发球线以内的区域。主要动作为右脚在前，左脚脚尖点地，重心在右脚上。左手拇指、食指、中指握住球的羽毛处，将球置于腹前腰部以下。右手握拍稍向上提，拍面稍微上仰，展腕，反手握拍将球置于腹前执球手的后方。左手放球的同时，持拍手小臂以肘为轴向内旋，带动展腕由后向前做回环半弧形运动，至一定发力所需幅度。屈指收腕快速发力用正拍面向前上方将球击出。

3. 羽毛球的基本步法

羽毛球的步法也是羽毛球的基本技术之一，步法和手法需要相辅相成、取长补短，才能打出漂亮的球。没有正确的步法会影响击球技术的发挥。没有快速、准确的步法，手法就会失去其杀伤力和威胁性。所以，在教学中步法应该和握法、打法相结合进行练习，才有实际意义。一般羽毛球的步法分为上网步法、后退步法、两侧移动步法和前后场连贯步法。羽毛球步法的基本组成是垫步、并步、交叉步、蹬步、跳步等。

（1）垫步

以右脚为例，当右脚向前迈出一步后，后脚跟进，紧接着以同一脚向同一方向再迈一步成为垫步。这一种步法的优点是比较轻捷、灵巧，还能保持移动中身体重心稳定。垫步一般作为调整步使用。

（2）并步

以右脚为例，右脚向前移动一步，左脚即刻向右脚跟一步，接着右脚再向前移动一步称为并步。这种步法多应用在上网、接杀球和正手后退突击扣杀时。

（3）交叉步

交叉步就是左右脚交替向前、向侧或向后移动。这种步法步幅较大，移动中身体重心较稳定。交叉步一般在后退打后场球时后退得较多。

（4）小碎步

小交叉步移动称为小碎步。由于步幅小、步频快，一般在起动或回动起始时用。

（5）蹬转步

以一脚为轴，另一脚作向后或向前蹬转步。

二、网球

（一）网球运动介绍

现代网球运动是从1873年开始的。英国人沃尔特·克洛普顿·温菲尔德将早期的网球打法加以改进，并取名"草地网球"。为了宣传和推广，同年他还出版了一本名为《草地网球》的小册子。所以温菲尔德被称为"近代网球的创始人"。此后，在英国各地建立网球运动俱乐部。1875年全英网球运动俱乐部正式成立。这个俱乐部于1877年举办了全英草地网球男子单打锦标赛，这就是闻名于世的温布尔登网球赛的由来。1876年，在一些著名网球运动俱乐部代表的共同商议下，研究并制定了全英统一的网球规则。

（二）网球运动的基本技法和指导

1. 握拍种类

（1）正手握拍法

正手握拍法包括大陆式、东方式、西方式和半西方式握拍法四种。

①大陆式握拍法

食指的指节和右上方的棱面接触（右手大陆式握法）；食指的指节和右侧的棱面接触（左手大陆式握法）。大陆式握法的击球位置在离身体侧面较近和较低的区域。大陆式握法适于发球、网前截击、削球和防卫性的打法。尤其是网前截击可以很快地做出反应。

②东方式握拍法

右手东方式握拍的方法是在大陆式的握法基础上顺时针转动手腕，直至食指指节经过拍柄右上方的棱面和右侧的拍柄接触。而左手东方式握拍是在大陆式的握法的基础上逆时针转动手腕，直至食指指节经过拍柄左上方的棱面和左侧的拍柄接触。

这种握拍最容易掌握，适合小学的体育教学，而且可以让学生练习打上旋球和有攻击性的平击球。

③半西方式握拍

右手半西方式握拍是在东方式握拍的基础上顺时针转动手腕，直至食指指节和球拍拍柄右下方的棱面接触。左手半西方式握拍是在东方式握拍的基础上逆时针转动手腕，直至食指指节和球拍拍柄左下方的棱面接触。这种握法可以打出稳定的上旋球，可以更好地控制球的落点。

④西方式握拍

右手西方式握拍是从半西方式握法顺时针转动手腕，直至手腕在球柄的下方；同理，左手西方式握拍是从半西方式握法逆时针转动手腕直至手腕在球柄的下方。这种握法适合初学者和小学生学习掌握。

（2）反手握拍法

反手握拍有单手反手和双手反手之分。

①双手反手握拍

双手反手握拍的基本方式是指右手采用东方式反手握法，左手采用东方式正手握拍法。右手在后，靠紧拍柄末端，左手在前紧靠右手，握在拍柄上。这种握法适用于单手力量不足或双手具有良好协调性的选手。鉴于小学生的身体特征，比较适合先从双手反手握拍来练习。

②单手反手握拍

大部分初学单反握法的学员都选择接近大陆式的握拍，因为这种握拍比较容易掌握，击球也容易得多，但实际上这种握拍方式的弊病很多，在教学过程中，教师应该及时纠正学生的错误姿势和用力。

2.发球技术

在现代网球运动中发球技术非常重要，它可以不受对方制约，在较大的程度上发挥出个人的特点，为自己的进攻创造有利条件。小学的网球教学可以重点练习握拍和发球技术。因为网球对身体素质的要求较高，小学生学习可以加入更多的娱乐性和游戏活动，以了解网球知识和初步掌握一些最基本的技法即可。

（1）平击发球

平击发球也叫炮弹式发球，是球速最快的一种发球方式。平击球不但球速快而且反弹很低。但是它的不足是命中率低，虽然力量大、球速快，小学生虽然也可以尝试，但是由于它对力量和耐力的要求较高，所以以练习球感为主要目的。

（2）切削发球

切削发球是以右侧旋转为主的方式。由球的右上往左下切削击球。这种球球速快、威胁大，命中率也很高，是多数运动员喜欢采用的发球方式。

（3）上旋发球

上旋发球是指以上旋为主、侧旋为辅的发球法。使球产生从上向下的弧形飞行轨迹过网，发力越强，弧形就越大，命中率越高，给对方造成很大压力，同时为发球上网带来足够的时间。

3. 正拍击球的动作要领

（1）准备姿势

面对球网，双膝微屈身体略向前倾，双脚自然分开与肩宽，重心落在双脚的前脚掌上，右手握拍，左手轻托拍颈，托面垂直于拍头指向对方，两眼注视对方来球，做好击球准备。

（2）后摆引拍

当判断来球需用正拍回击时，转动双脚，左脚跟抬起并向右前方上步，右脚向右转90°角与底线平行，同时转肩转髋带动右手引，肘部弯曲自然下垂，拍头低于膝盖，左手伸向前方，保持身体平衡，后摆引拍时身体重心移向右脚，左肩对着右侧的网柱，挥拍转动约180°角拍头指向后挡网。

（3）击球动作

向前挥动手右臂，用力蹬脚，转动身体并挥拍，正拍的击球点在身体的右侧前方不超过腰的高度，击球时快速发力。

4. 反手击球技术

（1）握拍与准备姿势

采用东方式反拍握拍法，准备动作与底线正拍动作相同。准备击球时握拍由东方式正拍或东西方混合式正拍握拍法转换成东方式握拍。

（2）后摆动作

左手轻托球拍的颈部，转换双肩，右肩侧身对网，同时右脚向左侧前方45°角跨出，全身自然放松，注意力集中，握拍手肘关节弯曲并贴近身体。

（3）击球动作

要把球打得既凶又准，必须向前迎击球，力争打上升球，因为上升球有较快的速度和较大的力量可以借助，因此回击球的速度也比较快。当向前挥击球时，朝着球网一鼓作气地回身转腰，拍面垂直于地面，肘关节稍屈并外转展，手腕锁紧，并由下向上方奋力挥出。

5. 网球的基本步法

网球运动的步法是否灵活，跑动是否迅速对比赛至关重要。在各种击球中，人与球需要保持一个适当的距离和合适的站位，只有这样才有可能打出得心应手的好球。网球的步法包括关闭式步法、开放式步法、滑步、跨步、踮步、交叉步等。

（1）开放式步法

开放式步法是正手击球时常见的站位方式。双脚平行开立，以右脚为轴向右转体转肩，双脚与端线大概成平行状态，左肩对网，身体呈开放姿势。

（2）关闭式步法

这是反手击球时常见的站位。从准备姿势起动以左脚为轴，向左转体转肩，右脚大步向左前方跨出，双脚前后开立，身体呈闭锁姿势。

（3）半开放式步法

这是介于开放式与关闭式步法之间的一种步法。若从开立的姿势起动则以右脚为轴，向右转体转肩，左脚向右前方跨出，左肩对网，跨出的左脚较右脚仍在偏左侧的位置，身体呈半开放姿势。

（4）滑步

滑步是指面对球网两脚做左右滑步移动。

（5）交叉步

左右交叉步经常运用于在底线的正反手击球。向右移动时，右脚先向右移动，左脚向右前方跨一步，交叉于右脚前，同时向右转体。然后再次向右移动右脚，左脚向右后方跨一步，交叉于右脚后，同时向左转体。向左移动时，方法相同，方向相反。

无论采用哪种步法，在击球前都应及时主动。当来球落点较远，起动要快，但是因为步幅稍小，所以在中间要加大步幅。在接近球时，再用小步调整人与球的距离，以适宜的身体姿态和站位从容地击球。在小学教学中，要求学生对每种步法有初步的认识，能够基本掌握正确的握拍方式，对网球的基本技术有所了解，以培养对网球的兴趣为主。

第六章　小学体操类运动方法的设计与教学指导

　　体操是小学体育教学内容的重要组成部分。在小学阶段开展体操教学，不仅能使学生锻炼身体，还能培养学生的运动能力、思想道德以及意志品质。小学体操课程教学中主要内容包括队列队形、技巧、支撑跳跃、单双杠等。体育教师要分析这些教学内容的特点，科学设计教学方法和教学形式，有效组织课堂教学活动，从而通过有效教学而达到理想的教学目标。在小学体操课程教学中，不仅要合理设计教法，还要特别注意安全问题，在学生练习时提供必要的保护与帮助，做好防护，确保学生的安全。本章着重对小学体操教学中队列队形、技巧及支撑跳跃三类教学内容的教法设计展开分析，以期提供科学的方法论指导。

第一节　队列队形教学指导

　　小学体操教学中，队列队形是最基本的教学内容，其包括两个部分：一是队列练习，指的是学生按教师的指示站好队形，并做同样的动作；二是队形练习，指的是各种队形的排列和变化。队列队形不只是体操课的基本教学内容，也是其他体育课准备部分的教学环节之一，只有掌握好队形的设计方法，使学生熟知常见的队列队形，才能保证后续教学的有序进行。队形练习是保障体育课堂教学秩序的基础条件。在小学体操教学中，要先安排队形队列的教学，从而对学生的反应能力、集体协同意识、注意力、思维能力及观察力进行培养，并培养学生遵守纪律、听从指挥、自我克制以及坚忍不拔的好品质好习惯，这对提升体操课堂教学的组织性及教学效率具有重要意义。本节重点对队列队形教学内容与方法以及教学注意事项展开具体分析。

一、队列队形教学内容与方法

（一）集合

口令"成一列横队——集合"。

1. 教学要领

基准学生（个子最高的学生）听到口令后，迅速站到教师左前方适当位置，其他学生由高到低依次向左排列，自行看齐。

纵队集合时，基准学生迅速站到教师前方的适当位置，其他学生由高到低依次向后排列，自行对直。

2. 教法提示

讲解集合的要点和要求。

（二）立正

口令"立正"。

1. 教学要领

脚跟并拢，足尖外分，两腿并拢且充分伸直，抬头、挺胸、收腹，目视正前方，颈部挺拔，两肩保持一条直线，手指并拢，中指轻贴裤缝。

2.教法提示

（1）教师讲解动作要领。

（2）教师边示范，边强调要点。

（3）学生练习，教师检查并指正错误。

（三）稍息

口令"稍息"。

1.教学要领

在立正姿势的基础上，左脚顺脚尖方向伸出，距离约为脚长的2/3，右脚承担大部分的身体重心；上体姿势和立正姿势相同。

2.教法提示

（1）教师讲解动作要领。

（2）教师边示范，边强调要点。

（3）学生练习，教师检查并指正错误。

（4）"稍息"与"立正"交替练习。

（四）看齐

口令"向右（左）看——齐""向前——看"。

1.教学要领

基准学生保持立正姿势，其余学生同时将头向右转，斜视右侧同学。一般基准学生左侧的四名同学都能看到基准学生，其他学生能看到右侧的三名同学。看齐的同时，身体其他部位的姿势保持不变。由向右看变为向前看时，除基准学生外，其他学生同时迅速向左转头，目视正前方，恢复立正姿势。

2.教法提示

教师为了帮助学生看齐，可以在场地上画色彩鲜明的标志线，教师在基准学生的右侧观察全体学生是否看齐，然后再回到队伍前面下达新的口令。

（五）报数

口令"报数"。

1. 教学要领

如果是一列横队的队形，则从基准学生开始由右向左依次报数，报数的同时向左转头，报数干脆利落，声音洪亮，到最后一名学生时，只报数，不转头。如果是一列纵队的队形，则从前向后依次报数。报数完毕后，体育委员应向教师汇报"全到"或"缺几名同学"。

2. 教法提示

（1）教师讲解动作要领。

（2）教师边示范，边强调要点。

（六）原地转法

口令"向右——转"。

1. 教学要领

向右转时，以右脚跟为轴，同时左脚前脚掌也发力和右脚脚掌共同向右转动90°，完成转动后的姿势同立正姿势。转体时膝关节不能弯曲，上体始终保持正直，中指始终不离开裤缝。

半面向右转时，动作要领同上，但转体角度从90°变为45°。

向后转时，动作要领同上，但转体角度为180°。

2. 教法提示

（1）先讲解，后进行示范。

（2）先分解练习，后完整练习。

（3）反复练习向不同方向的原地转法。

（七）齐步

口令"齐步——走"。

1．教学要领

先向前迈左脚，距离大约75厘米，右脚随之跟进。上体始终保持正直或稍微向前倾；双手稍握拳，手臂前后摆动。向前摆动时，肘部弯曲，前臂向内，手与胸同高，指根距离衣服25厘米左右。齐步走的步速约为120步/分。

2．教法提示

（1）先讲解，后进行示范。

（2）先分解练习，后完整练习。

（3）配合口令"一、二、一"进行练习。

（八）正步

口令"正步——走"。

1．教学要领

左脚脚面绷紧，左腿伸直向前踢出约75厘米，脚掌与地面之间有25厘米左右的间距，然后左脚下压着地。身体重心随之向前移动，右脚按同样的方法跟进。正步走的过程中，上体始终保持正直，双手稍握拳，两臂前后自然摆动。手臂前摆时，肘部弯曲，前臂比较平一些，手腕与身体间隔10厘米左右，高度在上衣的第三、四衣扣间。向后摆臂时尽可能达到极限距离。步速大约为116步/分。

2．教法提示

（1）先讲解，后进行示范。

（2）先分解练习，后完整练习，踢脚→压脚→原地摆臂→臂、腿配合的分解动作→完整动作。

（3）配合口令"一、二、一"进行练习。

（九）踏步

口令"踏步——走"

1．教学要领

两脚原地交替抬起、落地，抬起时脚尖下垂，与地面大约有15厘米的间距；下落时从前脚掌着地过渡到全脚掌着地。上体始终保持正直，手臂前后自然摆动，方法同"齐步"。从"踏步"转为"齐步"时，先继续踏两步再换齐步走。

2. 教法提示

（1）先讲解，后进行示范。

（2）反复练习。

（3）原地踏步和齐步、正步结合进行练习。

（十）跑步

口令"跑步——走"。

1. 教学要领

双手握拳置于腰两侧，拳心向里，肘稍向内，上体稍前倾。左腿稍屈膝向前提起，左脚向前跃出约80厘米的距离，前脚掌先着地，随之重心向前移动，右脚跟进，两腿交替跑进；前后自然摆臂，向前摆臂时前臂稍平。跑速大约180步/分。

2. 教法提示

（1）先讲解，后进行示范。

（2）以一列或多列纵队进行练习。

（3）跑进中可变化队形。

（4）结合踏步、齐步进行练习。

（十一）立定

口令"立——定"。

1. 教学要领

齐步和正步：听到口令后，左脚向前迈大半步，右脚向左脚靠拢，保持立正姿势。

踏步：听到口令后，左脚再踏一步，右脚向左脚靠拢，成立正姿势。

跑步：听到口令后，继续跑两步，然后左脚向前跃大半步（手臂不摆动），右脚跟进靠拢，同时放下手臂，保持立正姿势。

2. 教法提示

结合齐步、正步、踏步、跑步进行练习。

（十二）一列横队变二列横队

口令"成二列横队——走"。

先从右至左报数，单数学生不动，双数学生同时向后退一步，并自行看齐，与前面横队保持平行。

（十三）一路纵队变二路纵队

口令"成二路纵队——走"。

先从前往后报数，单数学生不动，双数学生同时向右跨一步，并自行向前看齐。

（十四）二列横队变一列横队

口令"成一列横队——走"。

前排学生伸展手臂，相邻间隔一臂距离，后排学生向左前方跨一步，站到前列学生左侧，并自行看齐。

（十五）二路纵队变一路纵队

口令"成一路纵队——走"

左路学生伸展右臂，前后间隔一臂距离。右路学生向左后方退一步，站在左路学生后面，并行看齐。

（十六）一路纵队变多路纵队

口令"成×路纵队，向左转——走"或"成X路纵队，左转弯——走"。

按所示路数的前×名学生同时向左转并以小步前进。后面学生到达前×名学生转体位置时，自动向左转，并与前×名学生对正前进，依此类推。如图6-1所示。

（十七）多路纵队变一路纵队

口令"成一路纵队，向右转——走"。

各路排头同时向右转、大步行进，并自行对正；后面各列依次走到第一列学生转体处，自动向右转走，排头与前一列的排尾相接，成一路纵队。如图6-2所示。

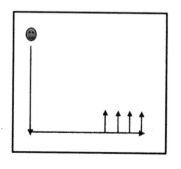　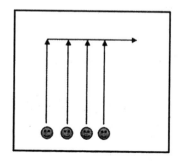

图6-1　一路纵队变多路纵队　　　　图6-2　多路纵队变一路纵队

（十八）列队、并队

口令为"列队——走""并队——走"（图6-3、图6-4）。

1. 教学要领

二路纵队行进，听到"列队走"口令后，左路左转弯，右路右转弯，各自沿左右边线绕场行进；两路纵队将相遇时，下达"并队走"口令，左路左转弯，右路右转弯，成二路纵队并列前进。

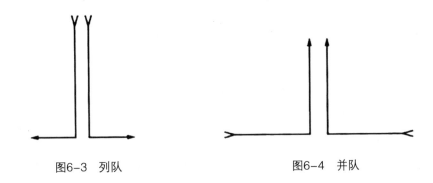

图6-3　列队 　　　　　　　　　　　　　图6-4　并队

2.教法提示

（1）先讲解，后指挥练习。

（2）及时纠正问题，直到学生熟练队形变化。

（十九）分队、合队

口令为"分队——走""合队——走"（图6-5、图6-6）。

1.教学要领

一路纵队中场行进，听到分队走的口令，第一名学生左转弯，第二名学生右转弯，后面学生依次跟进，成二路沿左右边线绕场行进。即将相遇时，下达"合队走"口令，左路学生左转弯，右路学生右转弯并依次插入左路学生之后，成一路纵队。

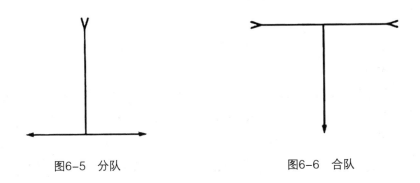

图6-5　分队 　　　　　　　　　　　　　图6-6　合队

2.教法提示

（1）先讲解，后指挥练习。

（2）及时纠正问题，直到学生熟练队形变化。

（二十）对角线行进

口令为"对角线行进——走"（图6-7）。

1.教学要领

排头带领左转弯135°按对角行进，到达顶点自动转弯沿边线行进。

2.教法提示

（1）先讲解，后指挥练习。

（2）及时纠正问题，直到学生熟练队形。

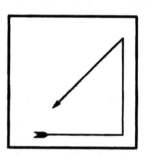

图6-7　对角线

（二十一）"8"字形行进

口令"8字形行进——走"（图6-8）。

1.教学要领

排头带领左转弯弧形行进，通过场地中心点自动右转弯弧形行进成圆，至中心点左转弯，两圆在场地中心点相切。当队伍相交时，依次穿插通过。

2.教法提示

（1）先讲解，后指挥练习。可先将场地中心点标记出来，学生先在教师的带领下行进，然后自行练习。

（2）及时纠正问题，直到学生熟练队形。

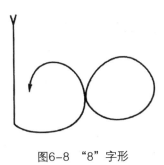

图6-8　"8"字形

（二十二）蛇形行进

口令为"蛇形行进——走"（图6-9）。

1. 教学要领

由排头带领左后转弯走，到达规定点自动右后转弯走。依此往复行进。

图6-9　蛇形

2. 教法提示

（1）先讲解，后指挥练习。可先将场地中心点标记出来，学生先在教师的带领下行进，然后自行练习。

（2）及时纠正问题，直到学生熟练队形。

二、队列队形教学的注意事项

（一）下达口令的注意事项

下达口令时，要求声音准确、洪亮、有节奏、有气势。具体要求如下。

1. 发音部位准确

用胸音或腹音下达口令。短促口令多用胸音；带拖音的口令多用腹音。

2. 掌握好节奏

口令有明显的节奏，该急的时候不拖，该拖的时候不抢。

3. 注重音量变化

声音有强弱的变化，由低音向高音，如"向左看——齐"。

4. 突出主音

适当加大重点字的音量，如"向前×步——走"要突出数字，"向左——转"要突出方向。

5. 口令深度随机变化

根据练习的人数而对口令深度进行调整。

6. 配合肢体语言

将口头指令和肢体语言结合起来，使学生更清楚指令的含义。

（二）其他事项

（1）教育学生听指挥来完成行动。

（2）根据上课内容和教学需要而调整队列队形，并根据队列队形的变化而采用恰当的口令，从而将队伍灵活调动起来，使队伍整齐有序地行动。

第二节　技巧运动教学指导

　　小学体操教学中的技巧运动主要指的是垫上运动，学生在垫子上完成一些简单的组合动作练习，如滚翻、倒立、平衡等。技巧运动是小学体操教学的重要内容之一，通过垫上练习，使学生将技巧动作熟练掌握，并在教学中促进学生柔韧素质、协调素质、灵敏素质等身体素质的提升，促进学生骨骼、关节及韧带等组织的机能水平的提升，促进各生理系统功能的改善，同时促进其空间定向能力的发展。通过技巧运动教学，还能对学生的优良品质和良好道德素质进行培养，从而为学生的健康与全面发展奠定良好的基础。

一、前滚翻

（一）动作方法

　　（1）屈膝深蹲，双手支撑在垫子上，两手间距与肩同宽。

　　（2）上体稍前倾，双脚同时蹬地，梗头，屈臂，团身，顺势向前翻滚，大腿与胸部紧贴，双手将双膝抱紧。

　　（3）翻到3/4处时松开两臂，腰腹收紧，两脚着地成蹲立姿势，如图6-10所示。

1   2   3   4   5   6

图6-10　前滚翻

（二）教学准备

前滚翻动作的教学准备如图6-11所示。

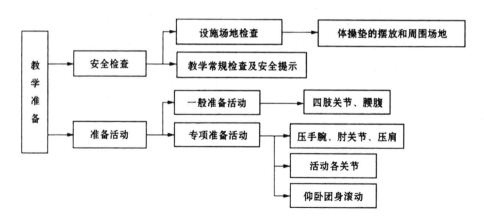

图6-11　前滚翻教学准备

教学准备中的准备活动包括一般准备活动和专项准备活动。体育教师要从教学条件、学生身体情况和兴趣爱好出发来安排一般准备活动的练习内容和形式。

专项准备活动应该与前滚翻动作有密切的关系，专项准备活动要为学生学习与掌握前滚翻的动作而打好身体基础。活动内容可分下列五节来完成。

第一节：压手腕。

第二节：颈部绕环。

第三节：压肩、绕肩。

第四节；活动手腕、肘关节、脚踝及膝关节。

第五节：仰卧团身前滚动。

（三）学习指导

1. 身体素质练习

根据前滚翻的动作要领和练习要求而安排相应的身体素质练习方式，学生也可以自行选择对自己掌握前滚翻技术有帮助的练习内容。主要练习内容如下：

（1）仰卧起坐练习。

（2）支撑摆腿练习。

（3）深蹲练习。

2. 自我保护

滚动练习中如果身体向左或向右外时，顺势向歪的一侧梗头继续滚动，从而预防颈部受伤。

3. 分解动作分组练习

体育教师可以从教学进度、班级人数、学生学习情况等方面出发，组织分组练习，先将前滚翻的完整动作合理划分为若干动作环节，各组依次练习各个动作环节。而且不同的动作环节有难度和层级之分，只有前面的动作过关才能练习后面的动作。

4. 保护手法练习

保护者在练习者一侧，一手轻轻按其后脑勺使其头着垫，一手扶其大腿向前推，帮助其顺利向前滚翻，练习者起身时，双手置于其背部适当用力向前推。

提示：向前滚翻时不能放松颈部，头不可抬起，滚动范围不能超出垫子，应向正前方滚动。

5. 完整动作练习

在保护与帮助下练习完整的前滚翻动作，连贯完成动作，反复练习。教师在一旁提示要点和纠正错误。

二、鱼跃前滚翻

（一）动作方法

（1）自然站立，屈膝稍蹲做好准备，

（2）两脚同时用力蹬地向前跃出，同时双手向前伸展，两手着垫支撑，低头，身体顺势向前翻滚。

（3）完成翻滚后两脚并拢站立，两臂在体侧平展保持平衡，如图6-12所示。

图6-12　鱼跃前滚翻

（二）教学准备

鱼跃前滚翻教学准备如图6-13所示。

体育教师要从教学条件、学生身体情况和兴趣爱好出发来安排一般准备活动的练习内容和形式。

专项准备活动应该与鱼跃前滚翻动作有密切的关系，专项准备活动要为学生学习与掌握鱼跃前滚翻的动作打好身体基础。活动内容可分下列五节来完成：

第一节：压手腕。

第二节：颈部绕环。

第三节：压肩、绕肩。

第四节；活动腕、肘、踝、膝等各处关节。

第五节：团身前滚翻。

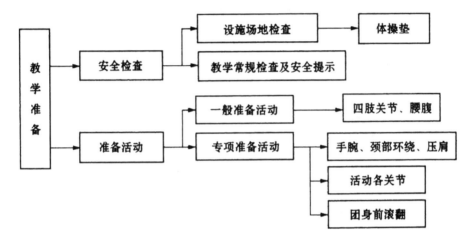

图6-13　鱼跃前滚翻教学准备

（三）学习指导

1.身体素质练习

根据鱼跃前滚翻的动作要领和练习要求而安排相应的练习，学生也可以自行选择对自己掌握鱼跃前滚翻技术有帮助的练习内容。主要练习内容如下：

（1）立卧撑练习。

（2）立定跳远练习。

（3）仰卧两头起练习。

2.自我保护

双手支撑在垫子上时，屈臂缓冲，滚动过程中身体向一侧歪时，顺势向歪的一侧梗头继续滚动成侧滚翻。

3.分解动作分组练习

方法参考前滚翻。

4.保护手法练习

保护者在练习者的右侧成半蹲式站立，练习者手触垫子前，右手扶其肩，左手托其大腿为其支撑及滚动提供保护，练习者双手撑在垫子上后，扶肩的一侧手立刻将其背部托住，帮助其向前翻滚。

提示：向前滚翻时不能放松颈部，头不可抬起，滚动范围不能超出垫子，应向正前方滚动。

5.完整动作练习

在保护与帮助下练习完整的鱼跃前滚翻动作，连贯完成动作，反复练习。教师在一旁提示要点和纠正错误。

三、肩肘倒立

（一）动作方法

（1）坐在垫子上，两腿并拢，双臂放于腿两侧。

（2）身体重心向后倒由髋带动下肢向后上方伸直，同时双手在腰背关节处支撑，肘支撑在垫子上完成动作。

（二）教学准备

肩肘倒立的教学准备如图6-14所示。

体育教师要从教学条件、学生身体情况和兴趣爱好出发来安排一般准备活动的练习内容和形式。

专项准备活动应该与肩肘倒立动作有密切的关系，专项准备活动要为女生学习与掌握肩肘倒立的动作打好基础。活动内容可分下列五节来完成。

第一节：腰部旋转。

第二节：颈部绕环。

第三节：活动肘关节。

第四节：活动脚踝及膝关节

第五节：仰卧摇船。

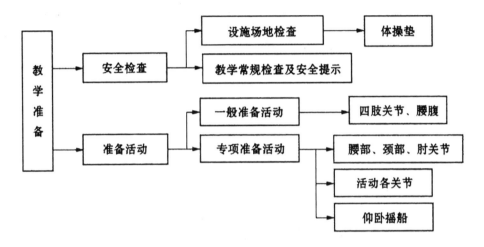

图6-14　肩肘倒立的教学准备

（三）学习指导

1.身体素质练习

根据肩肘倒立的动作要领和练习要求而安排相应的体能练习，学生也可以自行选择对自己掌握肩肘倒立动作有帮助的练习内容，练习如下：

（1）仰卧两头起练习。

（2）仰卧举腿练习。

（3）仰卧摇船练习。

2.自我保护

重心不稳而向前冲肩时，顺势滚翻，有控制地落下。

3.分解动作分组练习

方法参考前滚翻。

4.保护手法练习

肩肘倒立中，最为关键的地方在于双手应在骶髂关节处支撑腰背，肘在垫子上支撑，双腿充分上举。在关键技术环节，要特别注意做好保护，保护者双手将练习者小腿抓住，同时一腿膝部在练习者背部支撑。

5.完整动作练习

在保护与帮助下练习完整的肩肘倒立动作，连贯完成动作，标准动作应停留片刻，反复练习。教师在一旁提示要点和纠正错误。

四、头手倒立

（一）动作方法

（1）双手双脚支撑于垫子上，两腿尽可能伸直，双臂屈肘，额头在垫子上，双臂和头部成三角形，做好准备。

（2）双腿依次向上方伸展，两腿在空中并拢，手臂和头部姿势不变。

（二）教学准备

头手倒立的教学准备如图6-15所示。

体育教师要从教学条件、学生身体情况和兴趣爱好出发来安排一般准备活动的练习内容和形式。

专项准备活动应该与头手倒立动作有密切的关系，专项准备活动要为男生学习与掌握头手倒立动作打好基础。活动内容可分下列四节来完成：

第一节：头部绕环。

第二节：分腿体前屈。

第三节：压手腕。

第四节：活动肩部、肘关节、脚踝及膝关节。

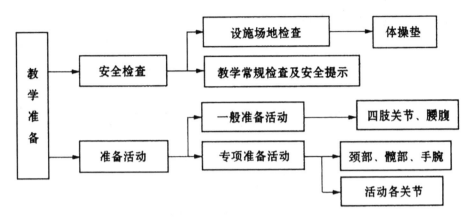

图6-15　头手倒立的教学准备

（三）学习指导

1.身体素质练习

根据头手倒立的动作要领和练习要求安排相应的体能练习，学生也可以自行选择对自己掌握头手倒立动作有帮助的练习内容。

（1）俯卧支撑练习。

（2）俯卧撑练习。

（3）腰背肌肉力量练习。

2.自我保护

身体重心前倒时顺势低头向前滚翻。

3.分解动作分组练习

方法参考前滚翻。

4.保护手法练习

保护者在练习者侧前方站立，一腿膝部将练习者背部轻轻抵住，双手在练习者大腿两侧扶住，练习者倒立时，双手将练习者小腿向上提。

提示：练习过程中不要抬头，颈部不能放松，头不能扭转。

5.完整动作练习

在保护与帮助下练习完整的头手倒立动作，连贯完成动作，标准动作应停留片刻，反复练习。教师在一旁提示要点和纠正错误。

第三节　支撑跳跃运动教学指导

支撑跳跃是跳跃中借助双手的撑推而从器械上迅速腾越而过的体操练习方式。这种练习有一定的强身健体价值，其健身功效表现为增强四肢力量，促进身体平衡性、协调性及灵敏性的提升，改善呼吸系统、心血管系统及神经系统的功能，提升身体活动能力等。此外，支撑跳跃练习还有助于对学生果敢顽强、勇于挑战和迎难而上的精神品质进行培养。

一、小学低年级支撑跳跃教学指导

小学低年级支撑跳跃练习以踏板（弹板）练习为主。踏板是体操运动中常见的辅助性器械之一，通常在跳马练习中将此作为上马的辅助工具。脚踩在踏板前端，可以借助弹簧的弹力而弹起腾空。在踏跳练习中借助踏板这一器械，有助于提升腾空高度，形成良好的运动空间感觉，并使人很好地控制自身的平衡。正因为踏板有这样的作用，所以常常被用于跳马类、空翻类体操动作的练习中。

利用踏板进行练习时，每个环节都要特别注意。上板时，控制好身体重心；脚触板时两膝弯曲成较大角度；起跳时，不可用力过猛，不能太快蹬离，有较长的缓冲时间，踏板有很大的反弹力，要利用这一性能使身体腾起到理想高度；落地时，从前脚掌着地向全脚掌过渡，并注意膝关节弯曲，重心降低，张开双臂，从而达到良好的缓冲效果。

利用踏板进行练习，要为学生提供必要的帮助，并采取一定的保护措施。一般来说，保护者站在落地点一侧，两手扶在练习者腹背处，防止其落后因重心不稳而摔倒。

下面，具体分析几种适合小学低年级学生的踏板练习的动作。

（一）挺身跳

1. 动作方法

轻松助跑跳上踏板，身体腾空中，稍挺胸，躯干挺直，梗头，落地后注意屈膝缓冲（图6-16）。

图6-16　挺身跳

2. 动作关键

身体腾空后立腰。

3. 保护与帮助

保护者站在落地点一侧，当学生落地后，两手分别扶在其腹、背部位，防止其因重心不稳而摔倒。

（二）分腿挺身跳

1. 动作方法

动作方法和挺身跳相同，但要注意身体腾空后双腿向两侧打开，下落时再并拢，以便屈膝缓冲。

2.动作关键

同挺身跳。

3.保护与帮助

同挺身跳。

（三）屈体跳

1.动作方法

助跑跳上踏板，手臂前后用力摆动，双腿充分蹬伸，使身体腾空到理想高度，快到达最高点时，两腿上提，双手去碰脚背，然后充分向上摆动两臂，两腿伸直，挺身落地，屈膝缓冲（图6-17）。

图6-17　屈体跳

2.动作关键

身体快到最高点时，腹部肌肉收缩，适当屈髋，两腿上提，俯身，用双手用力去触碰脚背。

3.保护与帮助

同挺身跳。

4.注意事项

（1）先助跑再上板，上板方式为"单跳双落"。

（2）将海绵垫铺在学生落地的位置，起到保护作用。

二、小学高年级支撑跳跃教学指导

（一）跳山羊

1.动作方法（图6-18）

（1）中速助跑上板，踏跳后迅速向前伸展两臂，双手支撑于器械。

（2）臀部稍提，含胸、顶肩。

（3）双手推离器械的瞬间，两腿向外打开并下压。

（4）在体侧向上摆臂，梗头，两腿并拢落地。

（5）落地后屈膝缓冲。

2.动作关键

双手支撑于器械上时臀部与肩部基本在一条直线上，推离器械，身体腾空后充分伸展。

图6-18　跳山羊

3.保护与帮助

保护着先站在器械一侧，当学生双手支撑器械时，保护者扶其上臂，当学生推离器械腾空后，保护者迅速移到落地点一侧，学生落地后，迅速扶其腹部和背部，防止其因重心不稳而摔倒。

4.教学步骤

（1）先做完整示范。

（2）对动作要领与关键进行讲解。

（3）分解示范，讲解各个动作环节。

（4）再进行完整示范。

（5）学生练习，教师帮助、指导、保护，或由同学相互帮助和保护。

（6）学生独立练习，做好保护，教师及时纠正学生的错误。

（7）分组进行完整的动作展示，然后评比、总结。

5.注意事项

（1）可两两一组练习，一人练习时，另一人担任保护与帮助者的角色，两人轮流练习和保护。

（2）将海绵垫铺在学生落地的位置，起到保护作用。

6.辅助练习

（1）模拟跳山羊游戏。

（2）推撑墙练习。

（3）助跑跳起支撑。

（4）推跳箱后摆腿顶肩推手练习。

（5）脚放在高处的俯撑顶肩推手练习。

（二）跳上成蹲撑，挺身跳下

1.动作方法（图6-19）

图6-19　跳上成蹲撑，挺身跳下

（1）助跑5~7步，速度由慢到快，最后一步以"单跳双落"的方式上板。

（2）先双手支撑跳箱，然后两脚迅速落在跳箱上，分腿支撑，臀部稍提，含胸、顶肩，成蹲撑姿势。

（3）两脚蹬离跳箱，两臂上摆，身体充分伸展，双腿并拢落地，屈膝缓冲。

2.动作关键

双臂支撑跳箱时应充分伸直，身体腾空后充分伸展。

3.保护与帮助

保护者站在跳箱一侧，当学生跳上跳箱时，双手将其肩部托住；当学生蹬离器械腾空后，保护者迅速移到落地点一侧，学生落地后，迅速扶其腹部和背部，防止其因重心不稳而摔倒。

第七章　小学武术与健美操运动方法设计与教学指导

　　武术与健美操是小学体育教学的主要内容。在小学阶段开展武术和健美操项目的教学，有助于促进小学生体质增强、健康发育，促进身体素质的协调发展，并提高道德修养与审美素质，同时使小学生掌握自卫防身技能，保护自身与他人安全。要达到这些教学目的和效果，就需要体育教师根据小学生的身心特点、运动水平、兴趣爱好及学校教学条件而科学设计与组织武术与健美操课程教学，提高教学的有效性。本章主要对小学武术与健美操运动方法设计与教学指导展开研究，着重分析武术基本动作、基本功教学及健美操基本动作与成套动作教学。

第一节　武术运动方法与教学指导

一、小学武术基本教法

（一）讲解法

在小学武术教学中，讲解法是最常用的方法之一，武术教师使用精练简洁、通俗易懂的语言对武术教学内容予以讲解，使学生初步认识与了解武术理论与动作方法，这就是讲解法。

1. 讲解内容

武术运动方法教学中，讲解的内容常常涉及下列几方面。

（1）基本规律

武术运动中有些技法出现频率高，较为简单，它们的设计与形成都符合一定的规则，带有一定的规律。为便于学生将动作技术掌握好，教师常常要对这些规律性技术动作反复讲解。例如，冲拳、推掌的规律与要求是拳高不高于肩，掌高不高于眉；而收回抱拳置于腰侧时要求拳心向上等。

（2）动作规格

在武术动作教学中，动作规格是讲解的重点，教师着重对动作规格进行讲解，有助于使学生对动作的技术要求及质量标准有所明确。

（3）攻防含义

为了使学生对武术攻防动作的技术要求有准确的理解与明确的掌握，需要向学生讲解攻防动作的基本内涵。

（4）关键环节

武术运动中各项技术都有相应的关键动作环节，对关键环节重点进行讲解，使学生对技术动作有更准确的理解，更好地掌握动作。

（5）易犯错误

讲解各项技术中容易出现错误的动作环节，如虚步时常见错误是膝关节不弯曲等，使学生对常见错误有清晰的认识，从而在练习过程中自觉避免错误或及时纠正已出现的错误。

2.讲解方法

武术动作讲解中常采用下列几种形式。

（1）形象化讲解

如在"提膝亮掌"动作的讲解中，可将其形象地比喻为"金鸡独立"，使学生建立生动形象的动作概念。

（2）术语化讲解

要采用简明扼要的语言将动作要领讲解清楚，就要适当采用专门的武术术语，如"插步""坠肘""沉肩"等，这对促进学生学习效果的提升具有重要作用。

（3）单字化讲解

有时将某个武术动作的完成过程归纳为几个具有代表性的单字，能够便于学生理解和掌握动作。例如，在"腾空飞脚"动作的讲解中，可以用"蹬""摆""提""拍"4个字来概括蹬地跳起、摆腿提腰、击拍的动作过程。

（4）口诀化讲解

口诀教学法在小学数学教学中很常见，这种方法在小学武术教学中也比较适用。例如，在弓步动作的讲解中，采用"前弓步，后腿绷、挺胸、立腰、别晃动"的口诀，读起来朗朗上口，便于学生快速掌握动作要领。

（二）示范法

小学武术教学中，示范教学法的运用非常重要，示范与讲解常常不可分割，武术教师给学生示范标准动作，同时讲解动作关键，使学生对标准的武术动作有清晰的把握，为学生学习武术提供形象化的指导。

武术动作教学示范包括下列两种形式：

1. 完整示范

武术教师完整展示标准动作，使学生对动作全貌有所了解，从而通过表象练习而建立完整的动作表象和整体概念。

完整示范适用于下列情况：

（1）第一次出现在武术课上的武术动作。

（2）结构不复杂、难度较小的动作。

（3）学生武术基础较好且了解所学动作。

2. 分解示范

为了使学生对动作细节有准确的感知和具体的了解，使学生更加准确地掌握所学动作，需要采取分解示范的方法来展示各个动作环节。

分解示范适用于下列几种情况。

（1）结构复杂、难度较大的动作。

（2）包含很多攻防因素、需要快速完成攻防转换的动作。

（3）动作路线、方向变化较多的动作。

需要注意的是，武术教师要合理分解动作，分解的粗细要适度，在分解示范教学后，要逐步向完整示范教学过渡，使学生从分解练习慢慢过渡到完整练习。

（三）练习法

经过教师的讲解和示范后，学生要自己反复练习武术动作，从而逐渐形成正确的动力定型，熟练掌握动作，直至能灵活自如地运用动作。

学生进行武术练习可采用下列几种方式：

1. 集体练习

班级学生在教师的统一带领和指挥下进行练习，教师先领做，速度慢一些，然后逐渐加速领做，最后发布口令指挥学生自主练习。

2. 分组练习

武术教师根据学生的性别、武术基础、学习能力等实际情况而将学生划分为若干小组，以小组形式进行练习。各组学生中由一人担任组长，教师明确提出各组的练习内容、练习时间，然后组长带领小组成员按要求练习，教师巡回观察与指导。

3.单人练习

为了培养学生的独立学习能力，在武术课上可采用单人练习的方式，在学生自由练习时，教师进行针对性指导，发现个别学生的问题，一对一帮助解决问题。

4.双人练习

在武术对抗类项目如散打、跆拳道等的教学中多采用双人练习法。对抗练习的双方在身高、体重、技能、体能等方面应该接近，武术教师要注意合理搭配，只有双方实际情况接近，才能将学生的对抗热情和练习积极性调动起来。

（四）纠正法

小学生初学武术，在动作练习中难免会出错，武术教师应及时发现错误，帮助学生解决问题，以免学生形成错误的动力定型，增加纠错的困难。武术纠错教学法的运用形式有以下几种：

1.慢速、分解、领做

在武术新动作的教学中，教师应该分解动作，慢速示范，带领所有学生一起做，反复如此，直至学生能完成所有分解的动作，然后向完整动作示范教学过渡。通过慢速、分解、领做，纠正学生因不清楚动作方向和路线而产生的错误。

2.静站体验法

小学生在武术学习中动作达不到标准和要求，与其肌肉本体感应差有直接的关系，针对这个原因造成的错误，可采用静站体验法、控腿法等使学生对正确动作的肌肉感觉有深刻的体会。

3.讲示攻防法

在武术对抗类项目教学中，学生如果缺乏对攻防动作含义的清晰认识，就会导致动作不符合要求，动作错误明显，对此，武术教师要对这类项目中主要动作的攻防含义进行清晰的讲解，并对攻防技术进行准确的演示，使学生对动作的含义有深刻的理解，掌握攻防技术要领。

4.素质补缺法

小学生学习武术，要先具备一定的身体素质，尤其要具备与武术相关的身体素质，身体素质差会导致学生无法将某些武术动作做规范，因此，在武术教学中要适当将身体素质练习融入其中，提升学生的身体素质，为学生准确完成动作和提高动作质量奠定良好的身体基础。

5.保护与帮助法

小学生在学习武术时，有时会因为心理紧张、害怕受伤而不敢做一些幅度较大或有一定难度的动作，对此，教师要在学生练习时提供必要的保护与帮助，缓解学生的紧张情绪与害怕心理，使学生放松去练习。

二、武术基本动作与教学指导

（一）手型

1.掌

四指并拢伸直向后伸张，拇指第一指节屈曲扣虎口处（图7-1）。

2.拳

四指并拢卷握，拇指紧扣食指和中指的第二指节。握拳紧，拳面平，腕要直（图7-2）。

3.勾

五指尖撮拢，屈腕（图7-3）。

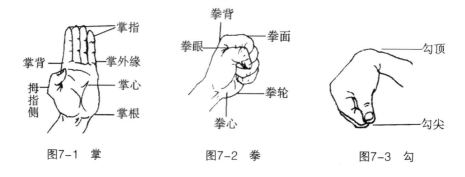

图7-1　掌　　　　　　图7-2　拳　　　　　　图7-3　勾

（二）手法

1. 冲拳

（1）动作方法（图7-4）

两脚左右开立，两手握拳分别抱于腰间，拳心向上，肘尖向后，目视前方。右拳从腰间旋臂向前快速冲出，力达拳面，手臂伸直与肩齐高；同时左肘向后牵拉，目视前方。双手交替练习。

（2）教学指导

①先慢慢练习，不要用尽全力，注意动作的准确性，然后逐渐加快速度、加大力度。

②结合步型和步法进行练习。

2. 推掌

（1）动作方法（图7-5）

预备姿势与冲拳相同。右拳变掌，由腰间旋臂向前立掌推出，速度要快，臂伸直，力达掌外沿，目视前方。双手交替练习。

图7-4　冲拳　　　　　　　　　　　　　图7-5　推掌

（2）教学指导

①做旋臂、坐腕、挑指等动作，锻炼腕关节的柔韧性和灵活性。

②注意立掌时间。

3. 架拳

（1）动作方法（图7-6）

预备姿势与冲拳相同。右拳自腰间向左经腹前、面前向头上方旋臂架起，手臂微屈，拳心朝前上方。目视前方。

图7-6   架拳

（2）教学指导

①先缓慢练习，体会上架位置，然后加速练习。

②结合步型、手型及步法进行协调练习。

（三）步型

1. 弓步

（1）动作方法（图7-7）

前脚稍内扣，脚掌着地，屈膝半蹲，大腿成平面，膝部约与脚面垂直；另一腿挺膝伸直，脚尖里扣斜向前方，脚掌着地，上体正对前方，两手抱拳于腰间。

（2）教学指导

①结合手法进行练习，左右弓步交替。

②先原地练习，再行进间练习。

2. 马步

（1）动作方法（图7-8）

两脚左右开立，约为三倍脚长，脚尖正对前方，屈膝半蹲，大腿成平面，眼睛注视前方，两手在腰间抱拳。

（2）教学指导

原地进行马步与弓步的转换练习，结合手法练习，上下肢保持协调。

图7-7　马步　　　　　　　　　图7-8　弓步

3.虚步

（1）动作方法（图7-9）

后脚尖斜向前，屈膝半蹲，大腿接近水平，全脚掌着地；前腿微屈膝，脚面绷紧，脚尖虚点地面。

（2）教学指导

先进行高姿练习，再结合手法进行练习。

图7-9　虚步

三、武术基本功与教学指导

（一）腰功

1.前俯腰

（1）动作方法（图7-10）

两脚并立，两手交叉，直臂上举，手心朝上，上体前俯，膝关节不要弯曲，两掌心尽量贴地；也可以两手松开，分别抱住两脚跟腱处，胸部尽量贴近腿部，持续片刻后再恢复站姿。

图7-10　前俯腰

（2）教学指导

逐渐增加前俯的幅度和标准动作的保持时间。

2.下腰

（1）动作方法（图7-11）

两脚开立，与肩同宽，两臂伸直上举。腰向后弯，抬头、挺腰向上顶，两手撑地成桥形。也可两手扶墙下腰。

图7-11　下腰

（2）教学指导

第一，先进行腰绕环及上体向不同方向屈的练习，再做下腰练习。

第二，教师和同伴托腰保护练习者，下腰后，将练习者膝部慢慢后推，增加效果。

（二）腿功

1. 正压腿

（1）动作方法（图7-12）

面对肋木，两脚并立。左腿抬起，脚跟放于肋木上，脚尖勾紧，两手扶按膝上。两腿伸直，立腰、收髋，上体前屈，向前下做压振动作，压振时，以前额、鼻尖触脚尖，数次后过渡到以下颌触脚尖。

图7-12　正压腿

（2）教学指导

①集体教学时，按统一口令练习。

②压腿前先做热身，调动肌肉与关节的机能。

③与其他腿法交替练习。

2. 正踢腿

（1）动作方法（图7-13）

侧对肋木（身体右侧靠近肋木），两脚并立，右手扶肋木，左手叉腰，右腿支撑，左脚勾起，挺膝上踢，然后下落还原。

（2）教学指导

①先做压腿练习，再做踢腿练习。

②踢腿高度由低到高、速度由慢到快，循序渐进练习。

③两腿交替练习，从原地练习过渡到行进间练习。

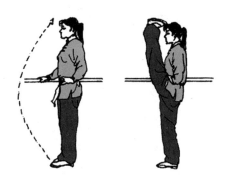

图7-13　正踢腿

第二节　健美操运动方法与教学指导

一、健美操基本动作教学

（一）头颈部动作

1. 转

转包括左转、右转（图7-14）。头正直，头颈部沿身体垂直轴分别向左、右方向转动90°。

2. 屈

屈包括前屈、后屈、左侧屈、右侧屈4种动作形式，头分别向前、后、左、右4个方向做颈部关节弯曲的运动（图7-15）。

3. 环绕

环绕包括左环绕和右环绕两种动作形式。向右环绕时，头保持正直，沿身体垂直轴向右转360°（图7-16），向左环绕时，方向相反。

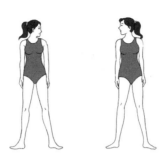

图7-14 转

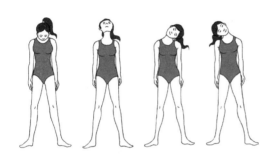

图7-15 屈

图7-16 环绕

（二）肩部动作

1. 提肩

提肩包括单提肩、双提肩两种动作形式（图7-17）。上体正直不动，双脚左右开立，沿身体垂直轴向上提肩。

2. 沉肩

沉肩指双肩下沉。上体正直不动，双脚左右开立，沿身体垂直轴向下沉肩（图7-18）。

3. 绕肩

绕肩包括单肩环绕、双肩环绕两种动作形式（图7-19）。上体正直不动，双脚左右开立，肩部向上、下、前、后四个方向绕动。

  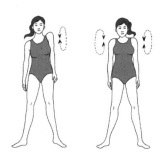

图7-17　提肩　　　　　图7-18　沉肩　　　　　图7-19　绕肩

（三）手臂动作

1. 举

以肩关节为中心，手臂向前、后、两侧、侧上方、侧下方以及头顶方向充分伸展（图7-20）。

图7-20　举

2. 屈

手臂向不同方向做"屈"的动作，这是通过肘关节从伸直到弯曲或从弯曲到伸直完成的。该动作有胸前平屈、肩侧屈、肩上侧屈、肩下侧屈、胸前上屈、头后屈等几种变化形式，如图7-21所示。

图7-21　屈

3. 绕、绕环

单臂或两臂以肩为轴做弧线运动。可以向内、外、前、后不同方向完成该动作（图7-22）。

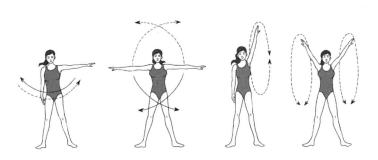

图7-22　绕、绕环

（四）下肢动作

1. 立

（1）直立、开立

身体直立，双腿分开，保持开立姿势。

（2）点立

身体先直立，然后一条腿伸出做点立，也可以双脚提起做提踵立。常见动作形式包括前点立、后点立、侧点立、提踵立。

2. 弓步

身体直立，一条腿迈出一大步并屈膝。可以向前、后、两侧不同方向做弓步动作，即前弓步、后弓步、侧弓步。

3. 踢

两腿交换做踢腿动作，可以向前、后、两侧不同方向踢腿，即前踢、后踢、侧踢。

4. 弹

两腿弹动动作。有正弹腿、侧弹腿两种形式。

5. 跳

做各种姿势的跳跃练习，如并腿跳、踢腿跳、开合跳等。

（五）腰部动作

1. 屈

腰部向前、后、两侧做拉伸运动（图7-23）。即分别为前屈、后屈、侧屈。注意腰部充分伸展，注意控制速度。

2. 转

腰部带动身体沿垂直轴向左、右方向转动（图7-24）。可以与四肢动作相结合。注意身体保持适度紧张，灵活转动，避免僵硬。

图7-23　屈

图7-24 转

（六）髋部动作

1. 顶髋

上体正直，双脚左右开立，一腿支撑重心，另一腿屈膝内扣，双手叉腰，用力顶髋。顶髋包括前顶、后顶、左顶、右顶等动作形式（图7-25）。注意顶髋要有力度，节奏感明显。

2. 绕和环绕

沿弧线轨迹或圆周轨迹转髋，可以向左、右两个方向进行（图7-26）。注意髋部转动轨迹要圆滑。

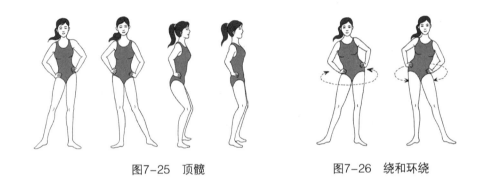

图7-25　顶髋　　　　　　　　　　图7-26　绕和环绕

二、小学健美操成套动作教学

小学健美操教学中，在基本动作教学的基础上可选取简单的健美操成套动作进行教学。动感健美操（儿童健美操）适合作为小学健美操成套动作教学的教学内容。这是专门以小学生的身心特点为依据而创编的，有助于促进小学生身心健康。动感健美操的基调为迪斯科基本动作，简单易学，其包含丰富的内容和多样化的动作，能够全面锻炼身体各个部位，具有重要的健身意义和教育意义。儿童健美操动作自然活泼，充满朝气，有欢快的音乐节奏，同时具有十足的美感。成套动感健美操对小学生身体形态发育、身体机能发育以及身体素质发展的影响是全面的，尤其能够促进小学生灵活性和协调性的提升。小学生学习动感健美操，反复不断练习，有助于强身健体，促进身体机能和组织代谢功能的改善，促进力量、柔韧、耐力、灵敏、协调等多项身体素质的发展。总之，动感健美操教学对促进小学生生长发育、健康成长，培养良好的气质和审美素养以及形成良好的运动习惯具有重要意义。

动感健美操共11节（57个8拍），时间大约3分40秒。

（一）热身运动（8×8拍）

预备姿势：自然站立，脚尖外展。

第一个8拍

1拍：左脚向左侧跨一步，两臂向两侧平举打开。

2拍：右脚向左脚并拢，右臂下垂，左臂向上举过头顶。

3拍：左脚向左侧跨一步，右臂向右侧平举，左臂恢复左侧平举姿势。

4拍：右脚向左脚并拢，两臂落下置于体侧。

5—8拍：动作方法同1—4拍，方向相反。

第二个8拍

1—2拍：提踵立，两臂向前平举，还原。

3—4拍：提踵立，两臂向两侧平举，还原。

5—6拍：屈膝提踵，两臂侧上举（经体前交叉）。

7—8拍：两腿直立，两臂还原。

第三个8拍与第一个8拍动作相同，方向相反。

第四个8拍与第二个8拍动作方法、方向都相同。

第五个8拍

1拍：左脚向左侧跨一步，两臂在两侧平举打开。

2拍：右脚向左脚后跨一步形成交叉步，两臂屈肘置于胸前，保持一条直线。

3拍：同1拍；

4拍：右脚向左脚并拢，屈膝半蹲，击掌。

5—6拍：两腿伸直，右脚向左前方点地，左臂向左侧上方举起、右臂向身体斜后方伸展，身体稍左转。

7—8拍：右脚向后点地，左手置于腰间，右臂屈肘置于胸前，然后恢复准备姿势。

第六个8拍与第五个8拍动作相同，方向相反。

第七个8拍与第五个8拍动作方法、方向都相同。

第八个八拍与第六个八拍动作方法、方向都相同。

（二）颈部运动（4×8拍）

预备姿势：自然站立，脚尖外展。

第一个8拍

1—4拍：原地踏步（左脚开始）4次后两脚开立，同时两臂前后摆动3次后双手叉腰。

5—8拍：两腿屈伸2次，头向前屈2次。

第二个8拍

1—4拍：原地踏步（右脚开始）4次后两脚并拢，同时两臂前后摆动3次后双手叉腰。

5—6拍：屈膝成半蹲姿势，两臂向两侧平举打开，头向后屈。

7—8拍：左脚向左侧跨一步，两臂屈肘，双手叉腰。

第三个8拍

1—4拍：向左顶髋2次，左臂在体侧伸展前后摆动2次，同时头向左屈2次。

5—6拍：屈膝成半蹲姿势，向左转头。

7—8拍：两腿伸直，两脚开立，双臂屈肘，双手叉腰。

第四个8拍与第三个8拍动作相同，方向相反。

（三）伸展运动（8×8拍）

预备姿势：两脚左右分开。

第一个8拍

1—2拍：左腿支撑重心，右脚侧点地，两臂在体侧屈肘，双手握拳，然后两臂向上举，十指张开，最后两臂于胸前平屈（握拳）。

3—4拍：同1—2拍，方向相反。

5—6拍：重心向左移一次，左臂和右臂分别侧举、前举，稍向左转体。

7—8拍：同5—6拍，方向相反。

第二个8拍

1—2拍：左脚向前移动一步，左腿膝关节稍屈，右腿向前提吸，两臂经体前交叉向两侧打开成侧上举。

3—4拍：右脚向后退一步，左脚向右脚并拢，两臂经胸前屈交叉后下垂落在腰侧，双手握拳。

5—8拍：同1—4拍，方向相反。

第三个8拍

1拍：左脚向左侧移动一步，屈膝后坐成马步，左臂左侧平举，右臂屈肘于胸前平举。

2拍：右脚向左脚并拢且两腿伸直，两臂同时向上举。

3—4拍：同1—2拍，方向相反。

5—8拍：同1—4拍。

第四个8拍

1—2拍：左弓步，左臂向左上方举起、右手叉腰。

3—4拍：两腿伸直，左臂屈肘立于体侧（前臂垂直地面）。

5拍：同1—2拍。

6拍：同3—4拍。

7拍：同5拍。

8拍：自然开立，两臂屈肘立于身体两侧（前臂垂直地面），握拳。

第五至八个8拍重复第一至四个8拍的动作，方向相反。

（四）胸部运动（6×8拍）

预备姿势：自然站立，两脚左右分开。

第一个8拍

1—2拍：两腿屈伸一次，两臂胸前平屈，扩胸一次。

3—4拍：下肢动作同1—2拍，两臂侧举，扩胸一次。

5—6拍：同1—2拍。

7—8拍：右脚向左脚并拢，左臂向侧上方高举，右臂在右侧平举，扩胸一次。

第二个8拍同第一个8拍。

第三个8拍

1—2拍：左脚向左移动一步，两臂向左侧平举，扩胸一次。

3—4拍：右脚向左脚并拢，两臂向右侧平举，扩胸一次。

5—6拍：向左侧弹动并步一次（左脚开始），左臂从胸前平屈到下垂落在体侧，右手叉腰。

7—8拍：同5—6拍，但左臂从胸前平屈到向左侧上方高举再还原下落。

第四个8拍同第三个8拍，方向相反。

第五个8拍

1—2拍：身体稍左转，左脚向前跨一步，右脚向后点地，两臂经前举向侧打开扩胸一次，再向前举。

3—4拍：同1—2拍。

5—6拍：右脚向左脚并拢，屈膝半蹲，左臂向前上方高举，右臂在肩侧下屈，两臂后振一次。

7—8拍：还原。

第六个8拍同第五个8拍，方向相反。

（五）四肢运动（6×8拍）

预备姿势：两脚并立。

第一个8拍

1—4拍：向前走4步，两臂经胸前立屈、胸前平屈打开至体侧平举，最后两臂下垂还原。

5—8拍：倒退走4步，手臂动作及变化同1—4拍。

第二个8拍

1—4拍：向左交叉步走4次（左脚开始），两手在体侧叉腰保持不变。

5—6拍：左转45°，左腿屈膝成左弓步，右脚向后点地，两臂向上高举，上体前倾。

7—8拍：右脚向左脚并拢，身体还原。

第三个8拍同第二个8拍，方向相反。

第四至六个8拍重复第一至三个8拍的动作，但方向相反。

（六）踢腿运动（4×8拍）

预备姿势：两脚并立。

第一个8拍

1—2拍：左脚向左移动一步，两臂在体侧平举打开。

3—4拍：右腿向左前方提吸，双手叉腰，上体稍右转再还原。

5—6拍：右腿向左前方踢一次，两臂侧平举。

7—8拍：还原。

第二个8拍

1—2拍：左弓步，右脚向后点地，左臂向前上方高举，右臂向前平举。

3—4拍：右脚向左脚并拢，还原。

5—8拍：右腿向后踢一次，左臂向前上方高举，右臂向前平举，然后还原。

第三个8拍同第一个8拍，方向相反。

第四个8拍同第二个8拍，方向相反。

（七）体侧运动（4×8拍）

预备姿势：两脚并立。

第一个8拍

1—2拍：左脚向左侧移动一步，左手从体前扶右侧腰，右臂向上方举过头顶，同时上体左侧屈。

3—4拍：还原，两臂在体侧平举。

5—6拍：上体左侧屈，两臂向上举过头顶。

7—8拍：还原，两臂屈肘置于肩侧，上臂垂直地面。

第二个8拍

1拍：两脚分开，屈膝半蹲，左臂向左侧平举，右臂向上举起。

2拍：两腿伸直，两臂屈肘置于肩侧（上臂垂直地面）。

3拍：同1拍。

4拍：两臂于身体前下方伸展交叉。

5—6拍：屈膝半蹲，上体左侧屈，左臂侧下举，右臂肩侧下屈，握拳。

7—8拍：还原。

第三个8拍同第一个8拍，方向相反。

第四个8拍同第二个8拍，方向相反。

（八）体转运动（4×8拍）

预备姿势：自然站立，两脚左右分开，双手叉腰。

第一个8拍

1—2拍：向左转体，左臂向左侧举、右臂向前举。

3—4拍：还原。

5—8拍：同1—4拍，方向相反。

第二个8拍

1拍：屈膝半蹲，向左转上体，两臂向侧下方充分伸展。

2拍：还原。

3—4拍：同1—2拍。

5—6拍：屈膝半蹲，向左转体，两臂向侧上方高举。

7—8拍：还原。

第三个8拍同第一个8拍，方向相反。

第四个8拍同第二个8拍，方向相反。

（九）全身运动（4×8拍）

预备姿势：自然站立，两脚左右分开。

第一个8拍

1—2拍：上体前平屈振一次，两臂向两侧平举。

3—4拍：向左转体，上体前平屈振一次，右臂向右侧后方举，左臂向左前下方伸展。

5—6拍：同3—4拍，方向相反。

7—8拍：还原。

第二个8拍

1—2拍：上体前平屈振一次，两臂向两侧平举。

3—4拍：左弓步，其余同第一个八拍3—4拍。

5—6拍：同3—4拍，方向相反。

7—8拍：还原。

第三个8拍

1—2拍：上体前平屈振一次，两臂向两侧平举。

3—4拍：挺腰直背，两臂向前平举。

5—6拍：同1—2拍。

7—8拍：两脚同时起跳，落地后两脚并立，两臂从侧平举向上成上举。

第四个8拍

1—2拍：屈膝蹲下，两臂向侧下方伸展至手指触地。

3—4拍：直立提踵，两臂向侧上方高举。

5—6拍：同1—2拍。

7—8拍：还原。

（十）跑跳运动（8×8拍）

预备姿势：自然站立。

第一个8拍

1—4拍：做4次后踢腿跑（左脚开始），同时两臂从胸前屈向两侧移至肩侧屈。

5—8拍：同1—4拍。

第二个8拍同第一个8拍。

第三个8拍

1—2拍：开合跳，两臂前举、还原。

3—4拍：右腿向左前方提膝跳，两臂向身体两侧平举打开，十指张开，还原。

5—6拍：同1—2拍。

7—8拍：同3—4拍，方向相反。

第四个8拍与第三个8拍动作相同，方向不变。

第五个8拍

1—4拍：做4次前踢跑（左脚开始），同时两臂从体前交叉后向两侧打开向侧上方高举。

5—8拍：再完成4次前踢跑，同时两臂在头顶上方交叉后向两侧分开成侧平举（向内绕）。

第六个8拍与第五个8拍动作方法和方向都相同。

第七个8拍

1—8拍：做8次原地跑跳（左脚开始），同时两臂从肩侧屈开始依次向上伸展（左臂开始），重复4次后还原。

第八个8拍同第七个8拍的动作方法、方向一样，但两臂动作重复2次后还原。

（十一）松弛运动（1×8拍）

预备姿势：两脚并立。

1—6拍：右脚向右移动一步成开立，两臂经体前交叉向外绕至上举交叉。

7—8拍：左脚向右脚并拢，两臂自然下落。

三、小学健美操教学方法提示

（1）小学生有较强的模仿能力，因此在健美操教学中教师要做准确而优美的示范，在成套动作教学中，要从前到后一节一节教，对每一节的动作规范都提出严格的要求，从小培养好的身体姿态。

（2）在初步进行成套动作教学时，教师以示范和讲解为主，带领学生一起做。在领做过程中用生动形象的语言来提醒动作要点，使学生准确理解动作要领，并做到位。示范的方式主要是背面示范，教师在最前面背对学生示范。必要时还要进行侧面示范和正面示范。

（3）在成套健美操教学中，先教每一节操的动作，然后再过渡到完整教学，使学生连贯掌握整套操，以培养学生良好的协调性。

（4）在成套健美操教学中，教师要注意对音乐的恰当选择，所选乐曲尽量是学生比较熟悉的，节奏应欢快一些，音乐速度要适宜，旋律以迪斯科旋律为主。

第八章　小学体能游戏类训练的
设计与教学指导

　　体能是人们进行体育运动的基础，体能锻炼对人们有着非常重要的作用，一方面能够增强人们的体质，另一方面也能够为人们从事各项运动项目做好基础运动素质的准备。针对小学生的身心发展特点，小学体育教学中教师经常会以各种游戏的方式来帮助小学生进行体能锻炼，本章我们将从力量体能训练、速度体能训练、耐力体能训练、柔韧体能训练、灵敏体能训练五个方面，对小学体能游戏类方法的设计与教学指导进行具体研究和阐述。

第一节　力量体能训练

一、"双人角逐"游戏

（一）游戏准备

（1）寻找一块比较宽敞的平地作为游戏场地，再准备哑铃若干。

（2）将学生分组，2名学生为一组。

（二）游戏内容

（1）分好组的同学站在指定的游戏区域内，两人分别将一条腿向后屈起，单腿站立，同时用腘窝夹住一只哑铃，并用一只手抓住屈起来的那条腿的脚踝；

（2）教师发出指令之后，游戏区域内的两人分别用另一只手向对方做拖、拉、推等动作，对方只要发生腘窝中的哑铃掉落、双脚着地、摔倒、出游戏区域这些行为中的一项，即为输掉游戏。

（三）游戏规则

（1）游戏过程中两人只能用手或者肩膀去推、拉、顶、撞对方。

（2）两人只能肢体接触，不能去抢对方的哑铃。

（3）整个游戏过程中屈起来的腿都要是同一条，不能随意换腿。

（四）游戏目的

（1）发展学生的力量素质。

（2）锻炼学生的平衡能力。

（3）提升学生的灵活能力。

（五）教学建议

（1）由于中高年级小学生已经开始具有性别意识以及学生之间存在力量上的差异等原因，教师在进行分组的时候可以要求男生和男生一组，女生和女生一组。

（2）采取三局两胜制，提高游戏的公平性、准确性，激发学生的参与热情。

（3）在条件有限和学生力气较小的情况下可以用重量较小的物体代替哑

铃，比如沙包等。

（六）注意事项

（1）提醒学生在游戏的过程中注意不要将哑铃掉在自己或者对手的脚上，以免砸伤。

（2）教师在学生游戏的过程中做好安全防护工作，避免出现意外。

二、蹲跳接力游戏

（一）游戏准备

（1）寻找一块比较宽敞的平地。

（2）按照人数将全班学生平均分成2组。

（二）游戏方法

（1）2组同学成纵队排列，每组的第一名同学站在起跳线前。

（2）2组的第一名同学都将双手背在身后，双手交叉紧握，身体半蹲，做起跳姿势。

（3）教师发出指令之后，第一名同学迅速跳出，直到终点线处返回，然后跳回到开始位置并与第二名同学击掌，完成任务。

（4）第二名同学以相同的方式完成任务，以此类推。

（5）游戏以最后一名同学跳回起跳线为止，用时最短的小组获胜。

（三）游戏规则

（1）学生在游戏的过程中要始终保持双手后背的状态。

（2）学生必须要越过终点线之后才可以折回。

（3）两次跳跃之间必须有下蹲起跳的姿势，不能保持直立状态跳跃。

（四）游戏目的

（1）锻炼学生的腿部肌肉，增强学生的腿部力量。

（2）培养学生的协调能力。

（五）教学建议

（1）可以采用负重跳跃的方式增加游戏的难度，增强对学生的力量锻炼。

（2）可以采用改变跳动路线的方式加大游戏的难度。

（3）采用三局两胜的方式增加游戏的公平性，激发学生的参与兴趣。

（六）注意事项

（1）游戏开始之前引导学生进行一定的热身活动，帮助学生进入运动状态，以免在游戏中造成运动损伤。

（2）要教会学生下蹲的正确方法和技巧，减少下蹲时产生的缓冲力，保护学生的膝关节安全。

三、"小蜘蛛运蛋"游戏

（一）游戏准备

（1）寻找一块比较宽阔的平地作为游戏场地。

（2）准备实心球若干，标志圈2个。

（3）将全班学生平均分成2个小组。

（二）游戏方法

（1）2组学生排成纵队站立，排头站在起点线后，每位学生手中拿一个实心球。

（2）教师发出指令之后，第一位同学身体后仰成拱形，双手向后撑地，做仰撑姿势，同时将实心球放置在两腿和腹部相接的位置，以仰撑的姿势将球运到标志圈内。

（3）将球放置在标志圈之后，第一名同学迅速恢复姿势，跑回起点线并与第二名同学击掌。

（4）第二名同学以相同的方式继续游戏，以此类推，直到最后一名同学跑回到起点线位置游戏结束。

（5）完成游戏用时最短的小组获胜。

（三）游戏规则

（1）游戏过程中如果实心球掉落下来，该同学可以将球捡起放回之后直接从掉落处继续前进，但是其他同学不能帮忙。

（2）游戏过程中不能用手帮助固定实心球。

（四）游戏目的

（1）锻炼学生的手臂肌肉，增强学生的双臂力量。

（2）培养学生的协调能力。

（3）锻炼学生的团队协调能力。

（五）教学建议

（1）根据小学生的身体素质确定游戏的距离。

（2）该游戏比较耗费体力，游戏的持续时间不应该过长。

（六）注意事项

（1）注意选择比较平坦的游戏场地，游戏之前认真清除地上的杂物，避免有玻璃碴等物品。

（2）正式开始之前引导学生进行一定的热身运动，帮助学生进入运动状态。

（3）教师需要做好安全防护工作，比如为学生准备手套防止学生手被划伤等。

四、背人接力游戏

（一）游戏准备

（1）寻找一块宽敞、平坦的场地作为游戏场地。
（2）将全班学生分成2人一组，注意2名学生的体重应该相近。

（二）游戏方法

（1）小组中的第一名同学背起另一名同学在起点线处做好准备。

（2）教师发出指令之后，第一名同学迅速背起另外一名同学前进，到达终点线之后，两人迅速进行交换，再由另外一名同学背起第一名同学快速返回起点线。

（3）用时最短的一组同学获胜。

（三）游戏规则

（1）游戏过程中背上的同学如果滑落，则重新背起从掉落的地方继续前进。

（2）两人必须在到达终点线之后才可以进行交换。

（3）必须要认真听教师发出的指令，不能抢跑。

（四）游戏目的

（1）发展学生的全身力量。

（2）提高学生的跑步能力。

（五）教学建议

（1）基于学生的性别意识以及男女生在身体发育上的差异，建议在游戏过程中将男女生分开，分别进行游戏。

（2）建议每组的两位同学身高体重相当。

（3）根据学生的身体素质确定游戏的距离，距离不应过长。

（4）游戏对体力的消耗比较大，应该控制游戏的时间，每人进行一次即可。

（六）注意事项

（1）强调学生在游戏的过程中注意安全，教师在旁边做好安全防护工作。

（2）允许身体不适的同学不参与游戏。

五、"背顶背"游戏

（一）游戏准备

（1）选择一块比较宽敞的平地作为游戏场地，在游戏场地中画上三条中间距离为1米的平行线，规定中间一条直线为中间线，两边两条直线为边线。

（2）将学生分成人数相等的若干组。

（3）要求两个身体体重相近的学生结成对手。

（二）游戏方法

（1）结成对手的两位同学背靠背分别站在中线的两侧。

（2）两人手臂挽在一起，做好准备。

（3）教师发出指令之后，两人开始用力用背部顶对方，这个过程中两人的手臂保持相互挽住的状态。

（4）将对手挤出对方边线之外的同学获胜，在规定的时间内获胜同学更多的队伍胜利。

（三）游戏规则

（1）两人只能利用背部相顶，不能头部相撞，否则视为犯规，犯规同学被淘汰。

（2）在游戏的过程中不能借助双腿对对手实施踢、绊等行为，否则同样被淘汰。

（3）游戏的过程中双方的手臂必须始终挽在一起，否则两人必须退回到开始时的位置重新进行游戏。

（四）游戏目的

（1）发展学生的力量素质。

（2）锻炼学生的协调能力和平衡能力。

（3）培养学生的竞争意识。

（五）教学建议

（1）根据学生的身体素质规定游戏的时间。
（2）可以让见习学生以计时员的方式参与到游戏过程中。
（3）在开始游戏之前带领学生进行一定的热身活动。

（六）注意事项

（1）在进行分组的时候尊重学生的性别差异，可以要求同性学生之间组成对手。
（2）教师要提醒学生在游戏过程中注意安全，并在旁边做好安全防护工作。

第二节　速度体能训练

一、三角折返接力跑游戏

（一）游戏准备

（1）找一块适合进行游戏的平地，在平地上画一个直角三角形，其中两个直角边的长度为5米，然后再画一条直角的平分线，长度也是5米，以三条线交点处的直角为终点，并在三条线各自5米的位置做上标志。具体如图8-1所示。
（2）将学生分成人数平均的2组，2组轮流进行游戏，第一名进行游戏的同学在起点线处做好准备。

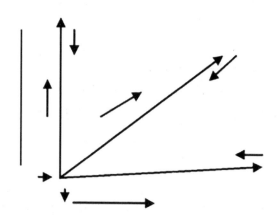

图8-1 三角折返接力跑场地准备[①]

（二）游戏方法

（1）教师发出指令之后，学生迅速从起点处沿着一条直角线开跑，跑到终点之后触摸终点处的标志，然后再迅速返回。

（2）返回到起点处之后，学生再迅速沿着中分线开跑，跑到终点处并触摸标志之后，同样再次返回。

（3）然后学生再从起点处快速向另一条直角线开跑，跑到终点处触摸标志之后，再迅速返回到起点，游戏结束。

（4）其他学生按照相同方式进行游戏，用时最短者获胜。

（三）游戏规则

（1）学生到达每条线的终点处时，必须要触摸放置在此处的标志之后才可以返回。

（2）学生必须轮流进行游戏，不能前一名学生尚未完成后一名同学就开始。

① 赵春英.趣味体能与体育游戏[M].天津：田径科学技术出版社，2013.

（四）游戏目的

（1）提升学生的速度素质和耐力素质。

（2）锻炼学生的判断能力和反应能力。

（3）培养学生动作的灵活性和节奏感。

（五）教学建议

（1）教师在教学的过程中应该教会学生一些跑步方法和技巧，比如通过降低身体重心的方式保持身体平衡、加快跑步速度等。

（2）放置在终点处的标志应该选择比较容易触摸且稳定性比较强的，比如椅子等。

（3）注意避免游戏过程中的意外伤害，要求学生必须轮流进行游戏，以免撞伤。

二、"抢占阵地"游戏

（一）游戏准备

（1）选择一块比较平坦、宽敞的地方作为游戏场地。

（2）学生手拉手围成一个圈。

（二）游戏方式

（1）一名同学作为发令者站在圆圈的中间。

（2）圆圈上的同学按照顺时针的方向，分别报出剪刀、石头、布，然后三人形成一个小组，小组之间分开一定的距离，但是依旧保持圆形站位。

（3）发令者随意报出"石头、剪刀、布"中的任意一个，比如报出的是"剪刀"，则每组中作为"剪刀"的同学迅速跑到别的组去抢占别组"剪刀"同学的位置。

（4）没有抢到位置的同学成为发令者，站在圆圈中间为下一轮游戏发令。

（三）游戏规则

（1）需要抢位的同学在抢位的过程中，其他同学不能进行阻拦，先到先得。

（2）抢位同学必须站在正确的位置，比如原来该组的"剪刀"站在三人小组的中间，抢位者也必须站在中间才算成功。

（四）游戏目的

（1）提高学生跑步的起动速度和跑的能力。

（2）锻炼学生的快速反应能力。

（五）教学建议

（1）提醒学生注意安全，避免相互冲撞。

（2）强调学生在游戏的过程中遵守游戏规则，注重游戏的公平、公正。

三、六角球游戏

（一）游戏准备

（1）在平地上画1个直径为8米的圆。

（2）准备六角球1—2个。

（3）对学生进行分组，一组5—8人，各组人数相等，各组成员按照相等距离在圆形线上站好。

（二）练习方法

（1）一名小组成员站在圆形线上将球扔向圆圈中间。

（2）球快速从地上弹起并弹向别的方向，小组所有成员根据自己的判断赶紧上前抢球。

（3）抢到球的同学快速站回到自己本来的位置，其他同学也各自归位，然后抢到球的同学再次向圆圈中间弹球，所有人再次抢球。

（4）游戏进行5次，中间持续计时，用时最短的小组获胜。

（三）游戏规则

（1）如果有人抢到球之后球从手中掉落，则其他同学可以继续抢球。

（2）游戏必须在圆圈内进行，如果球弹出或者从同学手中掉出圆圈，则由捡回球的同学继续抛球。

（四）游戏目的

（1）提高学生的反应能力和判断能力。

（2）培养学生的速度素质。

（五）教学建议

（1）可以通过让见习的学生当裁判的方式使其参与到游戏中。

（2）强调学生注意安全，避免在抢球的过程中相撞或者摔倒。

（3）教授学生一些游戏方法和技巧，比如在接球的时候两脚分开站立，身体半蹲，提高接球的准确率。

四、"速度阶梯"游戏

（一）游戏准备

（1）准备一个长20米、宽10米的游戏场地。

（2）准备长度10米的速度阶梯若干，分别放在距离场地起点线统一距离的位置处。

（3）在场地20米处的终点线上放置标志物若干。

（二）游戏方法

（1）采用半蹲式起跑姿势，要求学生在从起点线开始到速度阶梯结束这段距离，采用小步跑的方式前进。

（2）在速度阶梯结束到终点线这段距离中，要求学生采用全力加速跑的方式跑向终点。

（3）跑到终点线并触摸放在此处的标志物之后，游戏结束。

（三）游戏规则

（1）要求学生采用半蹲姿势起跑。

（2）在经过速度阶梯的过程中，不能触碰到阶梯。

（四）游戏目的

（1）培养学生的协调素质和灵敏素质。

（2）锻炼学生的速度节奏。

（五）教学建议

（1）提醒学生在游戏的过程中注意跑步的节奏，注意变速时候的连贯性和流畅性。

（2）这种游戏方式既可以作为学生的个人动作练习，也可以以比赛的形式开展。

（3）可以根据学生的身体素质特征适当调整阶梯的长度以及整个跑步的距离。

（4）见习的同学可以通过充当计时员等方式参与到游戏中。

五、快速传棒游戏

（一）游戏准备

（1）寻找一块比较宽敞的平地作为游戏场地，并在场地中画上一个较大的圆形，标出圆形两条相交的直径。

（2）准备眼罩一个，接力棒一个（可用其他工具代替）。

（3）将全班同学分成人数相等的四个小组。

（二）游戏方法

（1）四个小组的同学分别排成纵队站在圆形两条相交的直径的延长线上，所有同学面向圆心。

（2）教师随意指定一名学生站在圆心，并要求该同学戴上眼罩。

（3）每组的第一名同学做好起跑准备。

（4）教师将接力棒随便交到任意一组第一名同学的手中，然后发出开跑指令。

（5）所有同学开始进行绕圈跑，手持接力棒的同学追赶其他同学，将接力棒传递给追到的同学。

（6）传递之后先前持接力棒的同学迅速回到本组队尾，本组第二名同学参与到游戏中，以此类推。

（7）圆心戴眼罩的同学随意喊停，此时接力棒在谁手中则谁输掉游戏。

（三）游戏规则

（1）小组队伍站在圆圈外，追跑过程需要在圆圈内部进行，有同学跑出圆圈外则视为输掉游戏。

（2）接力棒不能用抛的方式传递，必须要递给追到的同学，否则认为传递接力棒的同学输掉游戏。

（3）每组正在参加游戏的各位同学必须保持跑动。

（4）其他同学不能影响中间喊停的同学的判断，不能予以提示，以保持游戏的公平性。

（四）游戏目的

（1）提升学生的速度素质以及跑步能力。

（2）锻炼学生的反应能力。

（3）帮助学生感受运动乐趣。

（4）培养学生的竞争意识。

（五）教学建议

（1）教师需要借助游戏向学生教授一些跑步的方法和技巧，尤其是弯道跑的方法和技巧。

（2）在游戏开始之前带领学生进行一些热身活动，帮助学生活动关节和肌肉。

（3）提醒学生在追跑的过程中注意安全，防止相撞、摔倒等意外的发生。

（4）可以适当设置一些"失败惩罚"，比如要求在喊停时持棒的同学做三个俯卧撑或者蛙跳等"惩罚"。

（5）可以让由于身体等原因无法参与到游戏中的同学站在圆心喊停，使其获得参与感。

第三节　耐力体能训练

一、"矮人追逐赛"游戏

（一）游戏准备

（1）选择一块平地作为游戏场地，在上面画上一个边长为8米的正方形。

（2）将全班学生分成人数相等的4组，每组派出1名同学蹲在正方形的角上，每组再派出1名同学在正方形的中间做准备，其他同学暂时站在场外。

（二）游戏方法

（1）教师发出指令之后，蹲在正方形四角处的同学迅速沿着正方形的外沿开始跑步前进，在这个过程中，一方面要注意追赶自己前面的同学，另一方面要注意不被自己后面的同学抓到。

（2）当游戏中的同学行进到自己的初始位置时，站在方形中间等待的同学迅速上前与其击掌并蹲下成为下一个游戏者。

（3）所有同学进行游戏一次，被淘汰人数最少的队伍获胜。

（三）游戏规则

（1）学生在游戏的过程中必须保持半蹲的姿势前进，不能直接直立前进。

（2）已经参加完或者还没有参加游戏的同学应该尽量远离方形的外沿，防止阻碍到游戏者的前进。

（四）游戏目的

（1）锻炼学生的下肢肌肉，发展学生的下肢力量。

（2）提升学生的速度素质。

（3）锻炼学生的耐力，提高学生的耐力水平。

（五）教学建议

（1）可以在该游戏的基础上，将正方形变成等边三角形，或者将"四角游戏"变成"对角"游戏。

（2）第二轮时可以按顺时针方向进行同样的练习。

二、"坐膝走"游戏

（一）游戏准备

（1）寻找一块平坦、宽敞的地方作为游戏的场地。

（2）将学生分成人数相等的若干小组。

（3）确定起点线和终点线。

（二）游戏方法

（1）小组同学做半蹲姿势，前面的同学虚坐在后面同学的左膝盖上，后面同学的双手搭在前面同学的肩膀上，连成一列长队。

（2）教师发出指令后，小组同学保持该姿势配合前进。

（3）如果队伍"断裂"，则需要在断裂处重新调整好姿势，然后继续列队前进。

（4）到达终点线用时最短的小组获胜。

（三）游戏规则

（1）学生在进行游戏的过程中必须要保持正确的姿势，并且队伍不能"断裂"，否则即使前进也不算数，必须在"断裂"处重新调整好才能继续前进。

（2）到达终点线指的是队伍中的最后一名同学也必须越过终点线。

（四）游戏目的

（1）培养学生的耐力素质。

（2）锻炼学生的下肢肌肉，增强学生的下肢力量。

（3）锻炼学生的平衡能力和协调能力。

（4）培养学生团队协作配合的能力。

（五）教学建议

（1）提醒学生在游戏的过程中注意安全，防止摔伤或者踩踏等意外发生。

（2）在游戏开始之前引导学生进行一定的热身活动，帮助学生快速进入运动状态，避免运动损伤。

（3）可以采用喊口号的方式帮助学生掌握前进节奏，为学生加油打气。

三、竞速游戏

（一）游戏准备

（1）选择一块比较宽敞的平地作为游戏场地，在场地上画一个直径为10米的大圆。

（2）在圆形线上的各处进行标记，并做上序号，作为跑步的起止点，起止点之间的圆形线的长度相近。

（3）将学生进行分组，每组5个学生，分别站在序号1—5的起止线上做准备。

（二）游戏方法

（1）学生在各自的位置上做好站立式起跑准备。

（2）教师发出指令之后，学生立即围绕圆圈开跑，要求每人跑两圈之后回到自己的起跑位置。

（3）最后两名回到起跑位置的同学被淘汰，其他同学按照相同的规则再次开跑。

（4）再次淘汰两名同学，每组留下一名同学作为优胜者。

（5）各组优胜者之间再进行比赛，最终确定前三名。

（三）游戏规则

（1）后面的学生想要超越前面同学的时候，应该从圆圈的外侧进行超越。

（2）要求学生必须按照教师发出的指令开跑，禁止发生抢跑行为。

（3）不在游戏中的同学帮助游戏中的同学数跑步圈数，以及帮助确定最后两名到达起跑线的同学。

（四）游戏目的

（1）提升学生的速度素质。

（2）提高学生的速度耐力水平。

（五）教学建议

（1）可以根据班级学生的数量调整分组数量以及圆圈的大小。

（2）强调学生遵守游戏规则，不能抢跑、不能故意扰乱其他同学进行游戏。

（3）强调学生注意安全，避免冲撞。

四、"比比谁更强"游戏

（一）游戏准备

（1）选择一块适合进行游戏的平地，在平地上规定长度为10米的跑道若干，做好起点和终点的标记。

（2）准备跳绳若干条。

（3）将学生分成若干小组，每组人数相等。

（二）游戏方法

（1）各组同学列纵队站立，每人手中持1条跳绳，排头同学在起点线处做准备。

（2）教师发出指令后，每组第一名同学迅速开始跳绳前进，到达终点线之后立即掉头继续往回跳。

（3）第一名同学跳回起点线之后与第二名同学击掌，然后第二名同学以相同方式继续进行游戏，直到最后一名同学跳回起点，游戏结束。

（4）用时最短的小组获胜。

（三）游戏规则

（1）学生在游戏过程中必须要双脚跳绳。

（2）如果中途出现失误，可以在就地调整之后继续跳绳前进。

（3）到达终点线时必须要越过终点线才能掉头往回跳。

（4）必须完成击掌动作之后下一位同学才能出发。

（四）游戏目的

（1）锻炼学生的下肢肌肉，提升学生的下肢力量。

（2）培养学生的速度耐力。

（3）锻炼学生的弹跳能力。

（4）培养学生团队协作的能力。

（五）教学建议

（1）可以采用单脚跳、换脚跳等跳绳形式来提高游戏的难度。

（2）根据学生的身体发展素质来确定游戏距离。

（3）根据小学生的身心发展特点，游戏的时间不能过长。

（4）做好安全防护工作。

第四节　柔韧体能训练

一、传球接力游戏

（一）游戏准备

（1）选择一块比较宽敞的平地作为游戏场地。

（2）准备球若干。

（3）将学生分成人数相等的若干个小组。

（二）游戏方法

（1）每组同学排队站好，第一名同学手中持球。

（2）教师发出指令之后，第一名同学将球传到第二名同学的手中，第二名同学再将球传到第三名同学的手中，以此类推，最后再将球传回到第一名同学的手中。

（3）在传球的过程中每位同学不能使用相同的传球姿势，比如可以用站着传球、蹲着传球、正面传球、侧面传球、跨上传球、高举传球等各种传球方式。

（4）用时最短的小组获胜。

具体游戏场景如图8-2所示。

图8-2　传球接力游戏[①]

（三）游戏规则

（1）传递的过程中球不能落地，否则从头开始游戏。
（2）学生必须在自己的位置上进行传球，不能随意挪动。

（四）游戏目的

（1）培养学生的身体柔韧性。
（2）锻炼学生的反应能力。
（3）培养学生的团队配合能力。

（五）教学建议

（1）教师可以在游戏开始之前留一定的时间供各小组同学商量传球姿势。
（2）游戏过程中，其他同学可以提示传球同学传球姿势，以提高游戏进

---

① 李京诚.中小学生体能练习与游戏方法汇编[M].北京：北京体育大学出版社，2016.

行的顺畅度，达到锻炼身体的目的。

二、"千足虫"游戏

（一）游戏准备

（1）选择一块比较宽敞的平地作为游戏场地。

（2）准备若干垫子。

（3）将学生分成人数相等的若干个小组，每组人数以6—8人为宜。

（二）游戏方法

（1）将垫子放在一起，连成一个"爬道"。

（2）学生分别在垫子上做跪姿，后一名同学用手拉住前一名同学的脚踝。

（3）教师发出指令之后，学生开始向终点处爬。

（4）先到达终点的同学可以先站起来，后面的同学继续向前爬，直到最后一名同学越过终点线。

（5）用时最短的队伍获胜。

（三）游戏规则

（1）爬行的过程中连起来的队伍不能断掉，否则就地调整恢复之后才能继续向前爬。

（2）学生必须保持跪姿向前爬完成游戏。

（四）游戏目的

（1）发展学生的身体柔韧性。

（2）锻炼学生的爬行能力。

（3）培养学生的团队协作能力。

（五）教学建议

（1）提醒学生在游戏的过程中手不能松开，必须保持要求的姿势向前爬行。

（2）提醒学生在爬行的过程中注意小组整体的节奏并予以配合。

（3）提醒学生将身体重心置于合适的位置，保持身体的平稳防止摔倒。

三、"翻山越岭"游戏

（一）游戏准备

（1）选择一块比较宽敞的平地作为游戏场所，规定若干条距离为10米的通道，每隔2米分成一段。

（2）将所有学生分成2人一组。

（二）游戏方法

（1）教师发出指令之后，小组中一名同学立刻进入通道的第一段距离中，做俯卧姿势，身体弯成拱形，另一名同学从"拱形"中钻过去。

（2）然后做"拱形"姿势的同学立刻翻转姿势，在第二段距离中将身体变成仰卧，另一名同学再从该同学的仰卧姿势中跨越过去。

（3）充当"山岭"的同学在五段距离中依次变换姿势，另一名同学也分别按照要求"翻越"过去。

（4）最先完成的小组获胜。

（三）游戏规则

（1）负责做"山岭"的同学在游戏的过程中必须要保持身体的稳定，一直到姿势调整好方可进行游戏。

（2）负责"翻越"的同学在游戏过程中需要注意不能将做姿势的同学碰倒，否则需要就地重新开始。

（四）游戏目的

（1）发展学生的柔韧性。

（2）发展学生的灵敏性。

（3）锻炼学生的腰腹力量及支撑能力。

（4）培养学生的合作意识和竞争意识。

（五）教学建议

（1）教师可以在游戏开始之前引导学生进行一定的热身活动，活动学生的肌肉和关节。

（2）教师要注意在旁边做好安全防护，防止学生摔伤。

（3）提醒学生遵守游戏规则，培养学生的规则意识。

第五节　灵敏体能训练

一、"异样行走"游戏

（一）游戏准备

（1）寻找一块宽敞的平地作为游戏场地。

（2）将学生分成人数相等的若干个小组。

（二）游戏方法

（1）各组学生分别排成横排站在起点线后面，相邻两个学生之间两肘相挎。

（2）教师发出指令之后，所有学生开始向前走，走的方式为第一步踮起脚尖走，第二部正常走，一直到跨越终点线结束。

（3）用时最短的小组获胜。

（三）游戏规则

（1）各组学生在前进的过程中，必须保持相邻两个同学之间两肘相挎的姿势不变。

（2）学生前进的过程中脚下的动作必须保持一致。

（3）只有本组的最后一个同学也跨越终点线才为游戏完成。

（4）中途出现失误需要退回起点重新开始游戏。

（四）游戏目的

（1）锻炼学生的小腿肌肉，发展学生的小腿力量。

（2）发展学生的反应能力和灵敏素质。

（3）培养学生的团队协作能力。

（五）教学建议

（1）教学开始之前教师可以带领学生进行一定的热身活动，帮助学生活动肌肉和关节。

（2）在正式开始游戏之前，应该留一定的时间帮助学生熟练动作。

（3）强调学生在游戏的过程中要注意安全，教师在旁边做好安全防护工作，防止学生扭伤、摔伤。

二、"8"字长绳通过游戏

（一）游戏准备

（1）选择一块比较宽敞的平地作为游戏场地。

（2）准备长绳若干，秒表1—2个。

（3）将学生分成人数相等的若干个小组。

（二）游戏方法

（1）由2名同学负责摇绳，其他同学排纵队站在跳绳的一侧。

（2）教师发出指令之后，负责摇绳的同学开始摇绳，其他同学按顺序跳绳通过。

（3）完成第一次跳绳的同学换到跳绳的另一侧，重新开始排队；第一侧的所有同学都跳完之后，到了另一侧的同学继续开始跳绳通过。

（4）三分钟之内跳绳通过的人数最多的小组获胜。

（三）游戏规则

（1）如果游戏中途有人被绳子绊住，则该同学跟着前面的同学继续到另外一侧排队，但是不计为通过人数。

（2）所有同学都换到另一侧之后，负责摇绳的同学应该将摇绳的方向反过来。

（四）游戏目的

（1）发展学生的灵敏性。

（2）锻炼学生的跳跃能力。

（3）培养学生的规则意识和团队协作意识。

（五）教学建议

（1）可以将游戏规则改成每次要跳两下才算通过跳绳，以增加游戏的难度。

（2）提醒学生注意安全，防止在游戏的过程中被绊倒或者撞到。

（3）可以让见习的同学通过摇绳的方式参与到游戏中。

三、"蛇战"游戏

（一）游戏准备

（1）寻找一块宽敞的平地作为游戏场地。

（2）将学生分成人数相等的若干个小组，每组人数以5—10人为宜。

（二）游戏方法

（1）每组同学站成一个纵列，后面的同学抱住前面同学的腰。

（2）教师发出指令之后，后面的同学随着排头第一名同学或者排尾最后一名同学的跑动方向开始跑动。

（3）每组的排头同学去抓别的组的排尾同学，被抓到的小组淘汰出局。

（三）游戏规则

（1）在游戏的过程中，各组同学必须保持始终连接在一起的状态，一旦有队伍散开，则该小组淘汰出局。

（2）学生只能通过跑动躲闪，不能借助双手挡、推其他组的同学。

（四）游戏目的

（1）提高学生的灵敏性和反应能力。

（2）培养学生的团队合作意识和合作能力。

（五）教学建议

（1）提醒学生注意安全，防止撞到或者摔倒。

（2）强调学生遵守游戏规则，培养学生的规则意识。

四、"之"字折返跑游戏

（一）游戏准备

（1）选择一块长30米、宽5米的平地作为游戏场地。

（2）起止点处各空1米，另外28米距离中，每隔7米放置一个标志物，一共放置4个标志物，标志物的放置顺序为第一个在场地的左侧边，第二个在场地的右侧边，第三个在场地的左侧边，第四个在场地的右侧边。

（二）游戏方法

（1）学生以站立式起跑姿势在起跑线处做好准备。

（2）教师发出指令之后，学生立刻开跑，在跑的过程中按顺序分别触摸各个标志物。

（3）用时最短的学生获胜。

（三）游戏规则

（1）学生在跑的过程中必须要触摸到标志物之后才能继续向前跑，否则，需要返回去重新触摸之后再向前跑。

（2）学生必须采取站立式起跑姿势。

（四）游戏目的

（1）发展学生的灵敏素质。

（2）发展学生的速度素质。

（3）锻炼学生的身体灵活性。

（五）教学建议

（1）教师要向学生强调跑步节奏的重要性，教授学生掌握跑步节奏的方法和技巧。

（2）提示学生在触摸标志物的时候，需要适当降低身体的重心。

（3）提示学生在游戏的过程中注意安全，防止摔倒。

（4）见习的同学可以通过帮助计时的方式参与到游戏之中。

五、"听声判断"游戏

（一）游戏准备

（1）选择一块长20米、宽1.2米的平地作为游戏场地。

（2）准备标志物2—3个。

（二）游戏方法

（1）以场地一侧的长边为起点线，学生站在起点线中间。

（2）标志物分别放置在对面的角上。

（3）教师说出一个简单的算式，比如"2+3=？"，并规定当得数为双数时向右跑，得数为单数时向左跑。

（4）学生算出得数之后迅速反应，跑向相应方向并触摸放置在该方向角落处的标志物，触摸标志物之后再快速返回起点线。

（5）用时最短的同学获胜。

（三）游戏规则

（1）学生必须采用半蹲式的起跑姿势在起跑线处做准备。

（2）跑错方向的同学视为输掉游戏，直接被淘汰。

（3）学生必须要触摸到标志物后才可以返回，否则被淘汰。

（4）学生必须在3秒内做出判断并开跑。

（四）游戏目的

（1）锻炼学生的灵敏素质和反应能力。

（2）发展学生的起动跑速度和跑步能力。

（3）发展学生的身体协调能力。

（五）教学建议

（1）教师要向学生强调，在游戏的过程中必须要集中全部注意力听教师的指令。

（2）提示学生在游戏的过程中注意安全，避免摔倒。

六、"眼观六路"游戏

（一）游戏准备

（1）选择一块比较宽敞的平地作为游戏场地，并在场地中画一个直径为15米的圆形。

（2）准备彩色圆盘5个，并将圆盘放在圆圈线上，两个圆盘之间的距离相近。

（3）准备标志物一个，置于圆圈中间。

（二）游戏方法

（1）学生站在圆圈中间的标志物处，观察并努力记住圆圈线上的各个圆盘的颜色。

（2）教师随意发出指令，比如喊出的指令是"红色"，则学生迅速从标志物处出发跑向并触摸圆盘，然后再迅速跑回圆心的标志物处。

（3）用时最短的同学获胜。

（三）游戏规则

（1）学生必须采用站立式起跑姿势。

（2）学生必须要触摸到圆盘才可以返回。

（3）选错圆盘颜色的学生被淘汰。

（四）游戏目的

（1）发展学生的灵敏素质和快速反应能力。

（2）锻炼学生的观察能力。

（3）发展学生的速度能力。

（五）教学建议

（1）教师要提醒学生集中全部注意力听口令。

（2）教师要强调学生遵守游戏规则，培养学生的规则意识。

（3）教师要提示学生在触摸圆盘时降低身体重心，防止摔倒。

参考文献

[1] 沈洪. 学生体育运动安全手册　教师用书[M]. 上海：华东师范大学出版社，2019.

[2] 陈曙. 小学体育教学论[M]. 北京：北京师范大学出版社，2016.

[3] 李启迪，邵伟德. 体育教学基本理论研究[M]. 北京：北京师范大学出版社，2014.

[4] 刘桂萍. 体操 艺术体操 蹦床[M]. 合肥：合肥工业大学出版社，2016.

[5] 董春华，唐炎. 中小学体操标准化教学指南[M]. 上海：上海交通大学出版社，2014.

[6] 张中印，刘斌，杨清风. 中小学体操教学理论与实践[M]. 北京：电子工业出版社，2016.

[7] 熊健，刘义峰. 中小学体育教材教法[M]. 北京：化学工业出版社，2017.

[8] 单亚萍. 健美操教学与训练[M]. 杭州：浙江大学出版社，2003.

[9] 吴志勇. 健身武术[M]. 武汉：湖北科学技术出版社，2007.

[10] 陈雁飞. 小学体育教学设计100例：点击课堂　聚焦质量[M]. 北京：高等教育出版社，2012.

[11] 姜全林. 中小学校园足球一本通[M]. 宁波：宁波出版社，2016

[12] 平安，王锋. 小球运动实用技术教程[M]. 天津科学技术出版社，2019.

[13] 徐向军. 学校体育游戏与学生体能发展[M]. 北京：北京体育大学出版社，2013.

[14] 赵春英. 趣味体能与体育游戏[M]. 天津：田径科学技术出版社，2013.

[15] 李京诚. 中小学生体能练习与游戏方法汇编[M]. 北京：北京体育大学出版社，2016.

[16] 李玉英，宋超美. 小学体育与健康新课程教学探索[M]. 厦门：厦门大学出版社，2015.

[17] 杨位恒. 小学体育教学现状及改革重点初探[J]. 当代体育科技，2018，8（33）：109+111.

[18] 廖俊文. 小学体育教学现状及发展策略[J]. 当代体育科技，2019，9（24）：184-185.

[19] 白晋荣. 青少年身心发展与社会化进程[M]. 石家庄：河北教育出版社，2000.

[20] 湖南省教育厅组织编写. 小学体育教学论[M]. 长沙：湖南科学技术出版社，2009.

[21] 杨嘉民，蒋晓澜，谷泉，高成. 小学体育新课标目标统领下单元教学计划的研究[J]. 无锡商业职业技术学院学报，2005（04）：67-68.

[22] 李建臣，周建梅，李文超. 中小学田径教学理论与方法[M]. 北京：北京体育大学出版社，2017.

[23] 王献英，黄林耿. 趣味田径运动在中小学体育课中的应用研究[M]. 北京：人民日报出版社，2018.

[24] 刁在箴，王荣民. 2+1快乐健美操 小学[M]. 北京：高等教育出版社，2013.

[25] 刁在箴，王荣民. 健美操 小学[M]. 北京：高等教育出版社，2006.

[26] 胡凌燕. 中小学体育教材教法与学法指导的应用 小学体操分册[M]. 北京：首都师范大学出版社，2014.

[27] 李荔. 中小学体操教学指南[M]. 上海：上海科技教育出版社，2016.

[28] 王磊. 中小学武术基本课堂[M]. 合肥：合肥工业大学出版社，2017.

[29] 丁传伟，邢登江. 小学武术[M]. 北京：人民体育出版社，2020.

[30] 崔景辉. 中小学武术基础教程[M]. 方圆电子音像出版社，2017.

[31] 王德明，张有峰. 中小学武术启蒙教程[M]. 长春：吉林出版集团有

限责任公司，2014.

　　[32] 刘庆菊等. 中小学武术训练[M]. 北京：北京科学技术出版社，2002.

　　[33] 王加恒. 中小学体育与健康游戏[M]. 兰州：敦煌文艺出版社，2011.

　　[34] 李建臣. 中小学体育课游戏案例集锦[M]. 北京：高等教育出版社，2012.